STRATÉGIE SOCIAL MEDIA

Marc Fanelli-Isla

STRATÉGIE SOCIAL MEDIA

La méthode des 7 phases

Vuibert

Pour en savoir plus, visitez le site Internet de l'auteur :
http://marcfanelliisla.com/.

Création de maquette et mise en page : PCA
Couverture : Éric Doxat

ISBN : 978-2-311-62484-7

« N'oublions pas que les petites émotions
sont les grands capitaines de nos vies
et qu'à celles-ci nous obéissons sans le savoir. »

Van Gogh

–

Une citation qui pourrait illustrer
le phénomène des médias sociaux
où le « j'aime » est de mise !

SOMMAIRE

INTRODUCTION

L'Internet est devenu un gigantesque réseau social où les êtres humains se rejoignent constamment, presque sans pause. L'Internet froid du site vitrine et du moteur de recherche s'éteint doucement face aux flammes des espaces de la Silicon Valley nommés Facebook, Twitter, Pinterest, TikTok, où les rêves de gloire et d'amour se côtoient.

Sur cette nouvelle planète, tandis que l'avatar et la personne réelle se confondent de plus en plus, il s'agit pour les entreprises de faire de la publicité qui ne ressemble pas à de la publicité, afin de provoquer la réaction émotionnelle : le « j'aime ». L'internaute, ou comme nous l'appelons aujourd'hui le socionaute, restera de marbre devant toute tentative marketing sans finesse. Étrange constat qui terrasse fatalement les coutumes de la communication taillée pour les médias traditionnels où le consommateur n'avait pas la parole.

Les consommateurs d'aujourd'hui sont devenus des arobases qui parlent en hashtags pour se réunir. Ils sont les panneaux publicitaires du XXIe siècle qui, sur leur compte – sur leur scène –, exposent tout ce qu'ils consomment et attendent de leur mur, hérité du livre d'or, des applaudissements et des marques d'affection pour donner du sens à leurs vies et à leurs achats.

La stratégie social media, c'est donc repenser les codes de la communication et du marketing pour toucher des consommateurs devenus des socionautes à plein temps. J'ai créé un ensemble de méthodes, depuis 2009, remplissant là une feuille blanche pour notre génération. Ce livre vous donne un plan stratégique à suivre pour opérer de façon logique. Et n'ayez crainte, si ce *social media* est muable, la méthode restera la même tant qu'il y aura des réseaux sociaux. Seuls leurs noms et leurs fonctionnalités changeront, mais jamais la réflexion éditoriale que je vous propose. Cette vision « magazine » des réseaux me vient de mon passé de journaliste, et je puise ma créativité dans ma passion, dans ma musique, conforté dans cette idée par le fait de savoir que c'est justement le secteur qui a créé la structure et le vocabulaire de ce nouveau média depuis Myspace.

PARTIE 1

COMPRENDRE LES CODES DU *SOCIAL MEDIA*

HISTOIRE DU CENTRE COMMERCIAL NUMÉRIQUE

Les réseaux sociaux ont toujours existé dans le monde « physique », depuis les *thermopolium* romains de l'Antiquité et les tavernes du Moyen Âge, ancêtres des premiers cafés et restaurants de la Méditerranée. Ces lieux de détente après une journée de labeur permettaient aux hommes de s'évader en dehors du cadre familial et de se retrouver pour partager un moment – longtemps uniquement entre hommes d'ailleurs, jusqu'à l'émancipation de la femme occidentale au XXe siècle.

Si les lieux de vie et de travail peuvent être considérés comme des réseaux sociaux – car ils réunissent des individus dans un lieu fermé, avec des codes forts liés à la société qui les entoure –, les bals, devenus les pubs ou les discothèques, ressemblent davantage aux réseaux sociaux d'Internet : ils permettent aux hommes et aux femmes de dialoguer dans un cadre libéré, contrairement aux théâtres et aux cinémas qui exigent le silence.

L'homme n'aime pas être seul, il se sent exister au milieu des autres. Ces espaces répondent donc pour lui à un besoin vital. Alors que les commerces en tout genre (vente de boissons, de nourriture…) ont été déguisés en lieux de détente pour mieux (et plus) vendre, les réseaux sociaux d'Internet étaient initialement, pour la plupart, de simples lieux de rencontre gratuits créés par des utilisateurs souhaitant faciliter la communication entre les individus en ligne. Mais progressivement, depuis la page professionnelle Facebook à la fin des années 2000 et le besoin des plateformes de connexion de gagner de l'argent pour survivre, l'utilisateur qui bénéficie du réseau social est également devenu le client et le produit des annonceurs.

PETIT RETOUR EN ARRIÈRE

L'ordinateur était déjà présent dans les foyers occidentaux au milieu des années 1980, grâce à l'attrait des adolescents pour les jeux vidéo d'Atari et de l'Amstrad CPC 6128, mais il fallut attendre la fin des années 1990 pour qu'Internet se démocratise et que l'achat de cette machine alors imposante et peu esthétique se développe considérablement – l'iMac d'Apple, soutenu par sa célèbre campagne publicitaire «*Think Different*», hisse ce produit au rang d'objet prisé en 1997.

On parle très vite de «toile d'araignée» pour décrire le World Wide Web (WWW), car ce monde virtualisé rassemble une multitude de pages Internet comme une gigantesque toile. Et déjà, à l'aube du XXIe siècle, des milliers d'informations sont accessibles depuis ces machines, grâce à une connexion Internet. Mais avant l'apparition du «haut débit» et des espaces de discussion en ligne dans les années 2000, l'intérêt de cette machine connectée à des pages de texte est mineur. C'est un luxe, et non une nécessité, de «surfer» pour découvrir des informations, qui sont de surcroît souvent en retard sur l'actualité chaude que diffusent la télévision et la radio, et des pages professionnelles (dites «sites»), réalisées par des développeurs pour des marques qui y publient simplement des versions numérisées de leurs catalogues papier.

C'est toutefois le premier âge d'or des développeurs, qui détiennent le secret de la création d'un site Internet en maniant le «code[1]». On parle alors de web «1.0» pour décrire cette bibliothèque stockée en ligne à laquelle on accède *via* un moteur de recherche. Il n'y a pas d'interaction directe entre les internautes, si ce n'est l'emailing, et l'utilisation de cet outil ressemble à la recherche d'un livre dans le centre de documentation d'une école : les ouvrages sont rangés et accessibles dans un logiciel interne. Le silence paraît imposé dans cette gigantesque salle de lecture en noir et blanc, donc personne n'y reste connecté longtemps.

---

1. Wordpress et ses sites clés en main ne sont arrivés qu'en 2003.

Pourtant, très vite, avec les améliorations techniques de la connexion, tout va évoluer vers du partage de contenus, plus de couleurs et des flux d'informations à vitesse grand V, jusqu'à rendre l'humanité addict de cette capacité à interagir et à s'informer en oubliant le temps et les frontières.

Avant l'ère des « médias sociaux » – qui commence en 2002 avec la création de Friendster, puis de MySpace l'année suivante –, il existait déjà des espaces de discussion rassemblant des milliers d'internautes : les forums des sites Internet, qui n'ont d'ailleurs toujours pas disparu, en conservant bien souvent leur apparence des années 1990. Ce succès s'explique par la grande liberté qu'ils procurent avec l'utilisation d'un pseudonyme, comme sur YouTube[2] (né en 2005), Twitter (créé en 2006) et Dailymotion (lancé en 2005 également).

De même, les chats, ou espaces de discussion privés en temps réel entre internautes, sont déjà présents sur la toile : MSN[3], Yahoo, AOL favorisent l'interaction depuis un ordinateur entre des internautes et leur donnent ainsi envie d'être connectés plus souvent. Un autre type d'utilisation naît dès les débuts d'Internet et ressemble, comme pour les forums, au Minitel des années 1980 : les rencontres en ligne, autour de chats comme Caramail, puis plus tard Meetic.

En parallèle, le blog, qui libère l'âme de poète de l'être humain, est un grand succès. Des sites (Overblog, Canalblog, Blogger, Skyblog pour les plus jeunes, etc.) permettent ainsi de créer sa page Internet sans aucune connaissance en code et d'y publier articles et photographies, comme des bouteilles jetées à la mer. Dans l'espoir d'être lus, un grand nombre d'internautes tentent l'expérience. La quête de succès et de reconnaissance est un trait humain qui va transformer les réseaux sociaux en médias sociaux.

---

2. YouTube a failli perdre un grand nombre d'inscrits en 2013 en exigeant de vrais nom et prénom liés au réseau social Google +, ce qui a déplu à 200 000 utilisateurs qui ont alors signé une pétition en seulement deux jours. Google a d'ailleurs annoncé en 2014 que l'utilisation d'un nom et prénom n'est plus indispensable pour Google + (intégré directement dans YouTube depuis).

3. MSN est mort en 2013 à cause de la démocratisation mondiale du chat de Facebook : Facebook Messenger.

LE PREMIER RÉSEAU SOCIAL

Le véritable premier réseau social à succès que l'on décrit par les fonctions suivantes : la gratuité, un espace de discussion (messagerie), la création de profil (photographie, publication d'informations personnelles), un mur de partage (que l'on appelle « *timeline* »), un blog (rédaction d'articles) et la recherche s'appelle MySpace et naît en 2003.

Sa particularité est l'abolition, inespérée jusque-là, de la frontière entre la star et le fan. Pour la première fois depuis l'émergence du phénomène des stars, artistes ou personnalités inaccessibles, exclusivement liés aux médias verticaux[4], les fans ont la possibilité d'envoyer un message directement à leurs idoles et de commenter publiquement ce que font les artistes sans envoyer un courrier au fan-club. Bien sûr, de faux profils sont créés, et rares sont les stars qui répondent aux messages, mais l'intérêt est certain : d'une part pour les majors du disque et les agents de célébrités qui peuvent désormais communiquer directement avec leurs consommateurs, et d'autre part pour les fans qui suivent l'actualité de leur star favorite et écoutent sa musique depuis leur ordinateur, plutôt que d'acheter la presse écrite spécialisée, d'attendre le passage de tel ou tel titre à la radio ou de regarder des émissions musicales télévisées. Ce réseau est au départ pensé spécifiquement pour cet échange artiste-fan, c'est pourquoi la création de la « page musicien » est possible et que des classements de musique sont instaurés.

L'autre grande clientèle de ce réseau est le musicien indépendant, qui voit en MySpace un espoir impensable jusque-là : la possibilité de partager ses chansons avec le monde entier sans attendre qu'un label le signe pour les diffuser à la radio ou à la télévision. Le réseau évolue ensuite rapidement vers la création de pages en tout genre : photographe, réalisateur, etc.

---

4. Un média vertical est un canal de diffusion à sens unique : le consommateur du média n'a aucun contact avec les acteurs de ce média. Il reste en bout de chaîne. La télévision, la radio et le cinéma sont des médias verticaux.

Parallèlement, les habitués des sites et chats de rencontre voient en MySpace une autre façon de séduire, moins directe. Il devient alors habituel de demander en « ami » quelqu'un que l'on ne connaît pas ou que l'on a rencontré une fois dans la vie réelle, et de s'inscrire même si l'on n'est pas soi-même artiste.

Chaque utilisateur peut publier des photographies et obtenir des commentaires pour ainsi mesurer sa popularité, une notion très ancrée dans l'ère du *social media*. La clientèle de MySpace est en tout cas en majorité jeune (les 15-25 ans) et internationale, contrairement au réseau de Skyrock qui est alors leader en France auprès des adolescents avec des fonctions similaires.

Il y a aussi à cette époque dans l'hexagone Copains d'Avant, qui permet de retrouver ses anciens camarades de classe. Mais cette idée ingénieuse disparaît avec la fin de la gratuité de ce service, quand survient sur la toile un concurrent américain gratuit qui rassemble les fonctions des deux géants MySpace et Copains d'Avant : Facebook.

À SAVOIR

Une partie du **vocabulaire des médias sociaux** actuel provient de la relation musicale entre l'artiste et le fan. Le mur n'est autre que le livre d'or digitalisé, et le bouton « j'aime » marque cette relation basée sur la séduction.

Dans ce nouveau web dit « 2.0 », parce qu'il met en avant la communauté humaine et plus seulement l'indexation de pages froides, l'internaute peut rejoindre gratuitement des espaces interactifs et très riches en fonctions. Il est important de noter qu'il n'est plus seul face à son écran, mais connecté aux autres, ce qui est la principale différence avec le « 1.0 ». S'inscrire sur MySpace en 2005, c'est se connecter à plus de 200 millions de membres et pouvoir entrer en contact avec eux gratuitement, donc la notion de solitude – qui ne donnait pas envie à l'internaute de se connecter longtemps – n'existe plus.

Parallèlement, le haut débit se développe dans les années 2000 et favorise une nouvelle ère de la connexion. Le partage d'informations devient beaucoup plus rapide, faisant la popularité des sites de stockage et de lecture de photographies comme Flickr, et de vidéos comme YouTube. Dans MySpace, la plupart des fonctions du web (y compris le chat) sont réunies, ce qui explique son succès. L'internaute, actif pendant son temps libre, est toujours fainéant et va au plus simple. Il peut cependant se lasser d'un réseau social s'il n'évolue pas, ou simplement si un concurrent arrive avec les mêmes fonctions... et d'autres supplémentaires[5].

LA RÉVOLUTION FACEBOOK

C'est Facebook, réseau communautaire – au départ universitaire – créé pour se divertir entre étudiants de Harvard, qui va prendre le relais dans le cœur des internautes, que l'on peut déjà appeler «socionautes» puisqu'ils passent de plus en plus de temps devant leur réseau social favori, plutôt que devant un moteur de recherche (Google, Bing, Yahoo...), statique mais indispensable pour arriver aux pages professionnelles.

Facebook fait rapidement comme MySpace: il réunit les mêmes fonctions du web 2.0 (mettre en relation la communauté des internautes à travers le chat, le mail, le partage de contenus, la recherche de profils) et reprend le lexique de son aîné: les mots «fan» et boutons «j'aime» sont issus de cet attrait pour les stars qui favorise l'adhésion des internautes. Ainsi, la «page» Facebook est lancée pour que les musiciens et autres artistes abandonnent définitivement MySpace. Et cela va fonctionner. L'invention du bouton «j'aime» est donc logique: on aime un artiste, et pas une marque à cette époque. Facebook a en plus l'intelligence de mettre en avant l'utilisation d'un vrai nom et prénom, comme dans Copains d'Avant

5. C'est aujourd'hui le cas de Line et de WeChat, qui rassemblent les fonctions de Snapchat, Instagram, Facebook, Skype, WhatsApp dans un même espace.

pour retrouver plus facilement des amis avec Internet. L'ajout et la recherche d'amis sont ici gratuits, donc les membres de la famille, les collègues, les connaissances vont pouvoir se retrouver et partager des photographies, de l'actualité et s'envoyer des messages à tout moment sans passer par leur boîte mail froide et professionnelle, Hotmail ou Yahoo. Dans un réseau social (comme auparavant dans un blog, qui est son père le plus proche dans les années 2000), une photographie accompagne le message, ce qui fait en partie son succès. Aussi, l'espace graphique de Facebook est bien plus neutre et moins marqué « adolescent » ou « bling-bling » que Skyrock ou MySpace, ce qui convainc petit à petit toutes les catégories d'âge et socioprofessionnelles.

À SAVOIR

Un **réseau social** tel qu'on l'entend depuis les années 2000 désigne une plateforme connectée qui met en relation des individus, des entreprises. Pour réussir à captiver les internautes, il rassemble les fonctions d'Internet de façon gratuite : chat, emailing, recherche de personnes et d'entreprises (et donc d'informations en tout genre), blog, stockage et partage de photographies et de vidéos, ou encore envoi d'argent si l'on prend pour exemple le Facebook d'aujourd'hui.

À partir de 2007, de nombreux réseaux sociaux vont naître dans l'esprit des développeurs. Twitter (qui surfe sur la vague de la consonance de Flickr[6], site de stockage et de partage de photographies déjà célèbre à l'époque) est cocréé par le fondateur de Blogger pour pouvoir envoyer des messages d'humeur depuis un ordinateur, à une époque où les opérateurs téléphoniques font payer ce service (les SMS). La limite des 140 caractères (+ 20 pour

6. Flickr aurait pu prendre la place d'Instagram dans le cœur des internautes passionnés de photographie, car une communauté mondiale intéressée par cet univers y était présente et active, mais l'application mobile ayant tardé à sortir, les socionautes sont allés spontanément vers le réseau de partage d'images racheté par Facebook et conçu spécifiquement pour la génération mobinaute. Le socionaute va toujours vers le plus simple : le support qu'il met en priorité est le réseau le plus facile à utiliser. C'est le même constat pour Viadeo qui a perdu sa place de leader du B2B social en France lorsque l'américain LinkedIn a sorti son application mobile.

citer un utilisateur avec le @) s'explique par la nature du terminal qui accueille ces messages, dits « tweets »: le téléphone mobile qui, à ce moment-là, ne peut recevoir que 160 caractères au maximum. On peut donc penser que les limites technologiques de communication et les supports connectés vont définir les réseaux sociaux de demain: les lunettes, voitures et bracelets généreront forcément d'autres espaces communautaires avec des codes bien à eux définis par des limites de taille et de mouvement.

En entrant dans la deuxième décennie du XXIe siècle, on assiste à une segmentation par typologie des réseaux sociaux. Il y a toujours les sites de rencontre (Meetic, AdopteUnMec, Tinder, etc.), les sites de partage de photographies (Picasa, Pinterest et Instagram), de vidéos (Vimeo, Vine), les réseaux de géolocalisation pour indiquer sa position depuis un smartphone ou un ordinateur portable (Foursquare, Path) et il existe un site tout-en-un qui se distingue des autres par son nombre impressionnant de fidèles: Facebook.

Au temps de MySpace, des forums et des sites de rencontre, les marques n'avaient pas réussi à entrer dans la partie, car leur discours publicitaire aurait été intrusif et donc déplacé dans ces espaces populaires. Certaines avaient tout de même réussi le grand écart avec de l'*endorsement* (l'acte de faire porter sa marque par une égérie) à l'image de iJustine, une jeune Américaine spécialisée en high-tech suivie par des millions de gens sur MySpace. Étendard des marques d'informatique, cette jolie blonde présentait alors les nouveaux produits de ce secteur sur son blog, en photographie et en vidéo depuis la naissance de YouTube. Cette technique, encore utilisée sur Instagram, où la beauté des profils l'emporte sur le contenu puisque c'est un réseau d'images, est similaire au *sponsoring* des *people* avant Internet.

Avec une population de moins de 25 ans, de catégorie sociale moyenne aux États-Unis et en majorité latino et afro-américaine, MySpace aurait pu intéresser bon nombre d'entreprises dans plusieurs secteurs, mais comment communiquer avec ce public inscrit pour se divertir ? Les secteurs d'activité non ludiques ont ainsi pensé que ce réseau n'était pas fait pour eux, *a contrario* des professions du cinéma, de la mode et de la musique. Pourtant, 200 millions de consommateurs étaient là, captivés par Internet et prêts à être séduits. Il aurait fallu transformer le langage publicitaire en une expérience client divertissante, mais il était trop tôt, car les directions marketing voyaient en ces sites une mode, une plateforme de rencontre pour jeunes, et un univers à part dans lequel la conversion directe était trop complexe.

Sur Facebook, les marques vont entrer plus rapidement dans la danse, motivées par le nombre important de membres susceptibles de devenir addicts en peu de temps, et séduites par un visuel moins jeune et plus neutre, davantage en adéquation avec un discours de marque. Les «pages» initialement créées par les musiciens sont petit à petit prises d'assaut par les marques, qui en font leurs nouveaux sites Internet. Mais pour jouer le jeu et convaincre des «prospects» (une cible marketing, en d'autres termes des personnes à qui l'on cherche à vendre quelque chose) de devenir «fans» et pas seulement consommateurs, il faut intégrer des notions souvent étrangères au marketing traditionnel: la séduction et la créativité. Avec cette intrusion des marques dans un univers artistique et populaire, très humain, où le registre de langue est familier, l'image d'un centre commercial est la plus proche pour illustrer ce tournant historique du rapport client-marque.

Au départ, tous ces réseaux sociaux ont été créés pour communiquer entre individus (d'où ce nom de «réseau social»): des cafés en ligne, des discothèques virtuelles, des magasins de disques virtualisés, etc. Puis Facebook a réussi à réunir ces concepts dans un même espace, de façon plus large, car plus neutre, et plus attirante que MySpace. Les passants virtuels se sont ainsi retrouvés à se balader dans un même lieu. Puis, avec l'arrivée des marques, *via* les pages réservées à l'origine aux célébrités, et des boutiques transportées par des vendeurs souriants et serviables (les futurs *community managers*), un centre commercial mondial sans horaires d'ouverture ni de fermeture est né.

La fracture avec le site Internet et le système des publicités qui en découle est importante. Le site Internet est comme une boutique isolée à la campagne, car il n'y a pas de passants. Ses uniques moyens de promotion sont les achats de mots clés sur le moteur de recherche (Google Ads, par exemple) et l'optimisation des balises HTML (le « référencement »), ce qui revient à inscrire cette boutique physique dans les pages jaunes, et à acheter des espaces publicitaires dans les journaux, au cinéma, à la télévision et aux radios locales pour être référencé et connu dans le « centre-ville » Google. Un autre moyen de promotion reste le développement de partenariats (l'échange de liens avec des concurrents ou des sites ayant la même cible), et l'achat de bannières chez des sites partageant la même cible (le « *display* »).

En revanche, depuis la page Facebook, la marque a la possibilité de siéger en quelques clics gratuits dans ce centre commercial à forte affluence avec 1,3 milliard de passants, et de mettre en avant son contenu *via* l'outil Facebook Ads[7] qui utilise les nombreuses informations données par les membres, principalement les produits consommés (films, musiques, marques), l'âge, le sexe, le métier et le lieu de résidence. Aussi, cette page permet de se présenter comme l'« à-propos » du site Internet, et d'ajouter des applications (concours, vidéo, photographie) sans devoir faire appel à un développeur, mais en passant par des applications pré-préparées (socialshaker.com, par exemple).

Pour une marque qui démarre, il peut donc être judicieux de commencer à exister par une page Facebook pour créer une communauté active, et d'investir dans une application e-commerce pour y intégrer une boutique et vendre directement sur Facebook (par exemple *via* Etsy.com, en attendant que Facebook mette en avant la vente de produits *via* le rachat de TheFind, concurrent d'Amazon). Cela prouve en plus que la marque vit avec son temps et suit les habitudes de ses consommateurs. En témoignent les budgets colossaux investis dans le *social media* dès 2008 par deux marques pourtant très populaires : Coca-Cola et Pepsi.

---

7. Cela est possible avec une page et un ticket d'entrée de quelques centimes par jour, mais comme avec les Google Ads, plus l'investissement est important, plus l'audience augmente, car c'est un système d'enchères.

À SAVOIR

Le **réseau social** désigne le côté fonctionnel de la plateforme Internet : il connecte les internautes par le biais d'un site doté de fonctions de plus en plus étoffées (l'emailing, le chat, le blog, etc.). Mais une fois qu'il rassemble des milliers d'internautes, on parle de **média social** : l'information y est accessible au plus grand nombre, comme à la télévision ou à la radio. L'étape suivante de l'évolution est celle des **moteurs de recherche**, car une fois toutes ces informations classées et structurées par le média avec des mots clés (hashtags bien souvent), l'habitude de rechercher de l'information devient courante.

Les fonctions du site Internet (présentation, vente, mise en avant de contenus, photographie, texte et vidéo) sont toutes possibles aujourd'hui avec la page Facebook qui a l'avantage de connecter la marque à des usagers connus et de les toucher directement, bien que cela représente un coût (la publicité).

Il ne s'agit pas de se passer d'un site Internet, car le moteur de recherche Google reste à ce jour le principal lieu de recherche pour de l'achat et de l'information, mais de le faire évoluer vers une expérience ludique, graphique, avec les différents réseaux sociaux mis en avant. C'est en effet un moyen plus efficace que la newsletter pour entrer des visiteurs dans la base de données et les fidéliser. Un fan devient un client à vie, contrairement à un consommateur ou à un prospect. Ensuite, pour récupérer l'email (qui reste le seul moyen de garder contact avec le prospect et le client si Facebook venait à disparaître), des applications telles que iFrame ou Socialshaker permettent de créer une newsletter dans un onglet de la page Facebook, mais encore faut-il savoir appâter, car le socionaute ne donne plus son email à une marque, il apparente cet acte à du « spam[8] ».

---

8. Terme né dans les années 2000 sur les messageries en ligne pour désigner la publicité intrusive. Des développeurs ont remis ce mot au goût du jour à la suite d'un sketch des Monty Python parlant d'une marque de jambon appelée Spam (Spiced Pork And Meat) livrée en masse aux soldats américains en Europe lors de la Seconde Guerre mondiale.

PORTRAIT DU SOCIONAUTE

Il est primordial, pour les marques, de bien comprendre les internautes afin de dialoguer avec eux dans leur espace de discussion favori : les réseaux sociaux. Elles doivent se présenter à eux, parvenir à être identifiées comme des professionnelles de leur secteur, pour finir par accompagner leurs habitudes. Les marques suivront toujours les réseaux sociaux pour y siéger et vendre.

QUI EST-IL ?

L'individu occidental du XXIe siècle n'est pas différent de ses ancêtres, au sens où il aspire aux mêmes choses qu'eux : l'amour et la possession de biens matériels. S'éloignant de la religion et satisfaisant la plupart de ses besoins de base, il a peu à peu évolué vers une indépendance morale et économique. La suite logique de ce nouveau statut était forcément l'autosuffisance, la « consommation ostentatoire » (dont parlait au début du XXe siècle le sociologue et économiste américain Thorstein Veblen) et la quête de sensations fortes pour se sortir de l'ennui physique et mental, voire de la solitude. Les sites de rencontre d'inconnus, comme Tinder ou Happn, expriment d'ailleurs cette dernière tendance contemporaine.

L'argent fait tourner ce monde et la recherche effrénée du succès social semble pour beaucoup être devenue une priorité : un travail épanouissant, un juste équilibre entre vie professionnelle et vie personnelle, un bon salaire, l'accès à la propriété, ainsi qu'un pouvoir d'achat permettant d'acquérir ce que l'on désire posséder, et de se consacrer à ses loisirs ou de partir en vacances… Tout cela plonge l'être humain dans un nombrilisme assumé. En parallèle, le culte de l'apparence est très présent. La différence avec les générations précédentes étant qu'il touche maintenant toutes les catégories sociales, puisque les plus défavorisés peuvent plus facilement accéder aux biens de l'élite grâce aux crédits accordés par les banques. Cela donne l'impression que l'on peut tout faire et tout être. Pour certains, le but ultime est d'être mince, musclé et éternellement jeune, sous peine d'être exclu du marché de la séduction – c'est pourquoi les conseils fitness et minceur sont parmi les requêtes les plus importantes sur Facebook, Instagram ou Pinterest. L'être humain idéal est encore beau, riche et séduisant à 60 ans.

Les réseaux sociaux ont offert un public inespéré à tous ces « citoyens stars » qui vivent dans l'illusion d'être et de faire « comme les plus riches », ce qui décuple le fantasme d'être unique et comble le vide de la solitude. Avec ce nouveau média, on ne se sent plus seul, on fait partie d'un ensemble, ce qui arrive à point nommé dans de grandes villes impersonnelles où le voisin est un inconnu. On peut désormais commenter les faits d'actualité avec l'espoir de se faire entendre par le public international. On peut également parler de sa vie en ligne, monter sur l'estrade Facebook et clamer avec un haut-parleur que l'on a fait telle ou telle chose. D'où l'étalage fréquent des réussites sociales : photographies de vacances dans des lieux de rêve, endroits chics visités, produits chers achetés… – les clichés d'un restaurant bas de gamme et d'un produit sans marque ne seraient pas partagés.

Les avatars des citoyens, dits « profils », sourient tout le temps (une habitude depuis que la photographie est montrée aux autres), car ils doivent renvoyer une belle image soignée et contrôlée d'eux-mêmes. Mais tout le monde ne peut pas tenir sa garde en étant connecté toute la journée et, lorsque l'on a toujours le smartphone à la main, il arrive que les masques tombent. Si dans leurs premières années, Twitter et Facebook ont attiré des millions de personnes par la valorisation de leur ego et la mise en place d'une scène gratuite et publique, ils font aujourd'hui peur à ces mêmes personnes qui voudraient tout en même temps : être lues par le monde entier, donner leur avis, mais ne pas dire ce qui ne les met pas à leur avantage, et pouvoir faire marche arrière à tout moment. Le contrôle de la vie privée est ainsi l'obsession de la nouvelle communication des Facebook et consorts qui ont peur que leurs membres les quittent à force de s'être trop confiés dans leur espace.

Chez ces avatars, on aime tout, jamais on ne déteste en public ce que font les amis, c'est pourquoi le bouton «j'aime», pouce levé ressemble au «OK, c'est bon» entre amis ou collègues. On ne froisse jamais en public, mais on critique en coulisses, et ceux qui osent se moquer ou dénigrer en face à face se retrouvent exclus.

Internet est devenu un produit américain[9], si bien que les principales entreprises contemporaines liées à ce domaine sont en grande majorité américaines, et les réseaux sociaux les plus consommés en Occident sont tous nés outre-Atlantique[10]. L'Europe vivant en quelque sorte à «l'heure américaine» (musique, cinéma, produits de consommation courante...) depuis des décennies, la consommation des réseaux sociaux et du high-tech est peu ou prou la même sur le Vieux Continent qu'outre-Atlantique; contrairement à l'Asie ou à la Russie. Les marques les plus suivies sur les médias sociaux sont américaines, car elles renvoient l'image de l'*American dream*, concept basé sur le rêve, la performance, la réussite.

Les réseaux sociaux ressemblent à des miroirs de l'humanité publics, comme si le monde entier était réuni face à une gigantesque vitrine réfléchissante et ne se regardait que du coin de l'œil pour mieux se comparer, en prenant garde à ne retenir que le reflet qui l'avantage en tant que citoyen. Sur Twitter par exemple, les

9. À l'origine d'Internet, il nous faut citer les travaux français effectués au CERN qui ont permis de créer le principe de l'adresse IP, l'ingénieur américain Ray Tomlinson qui a créé le principe du courrier électronique en 1972, ainsi que l'informaticien britannique Tim Berners-Lee qui a mis au point le système de la navigation grâce aux liens hypertextes.

10. Les réseaux français ont pour la plupart perdu leur audience à cause du manque d'investissement dans des serveurs permettant de stocker des contenus. Ils ont aussi dû mettre très tôt en avant la publicité pour se rémunérer, à l'instar de Dailymotion qui a lancé la pub vidéo avant YouTube. Les investisseurs de la Silicon Valley, eux, ont toujours été prêts à perdre de l'argent des années et à attendre que le réseau devienne mûr pour accueillir la pub.

véritables échanges sont rares, la plupart des « murs » des réseaux sociaux ressemblent parfois à ceux des toilettes des cafés ou des lycées remplis de messages écrits illisibles, car trop nombreux. Bon nombre de socionautes passent du temps à se connecter sur Facebook pour observer sans réagir, guettant la chute de l'autre ou l'élément qui va les rassurer dans leur quotidien.

Dans ce cadre, la performance est primordiale. On doit faire, vite et mieux qu'un autre, se mesurer à lui, le défier. Pourtant, même si le socionaute a besoin de se sentir unique et exceptionnel, il n'est pas différent de la majorité de ses congénères : il évolue en groupe, comme ces bancs de poissons nageant dans l'océan vaste et mystérieux. Le besoin de connexion à Internet est donc devenu indispensable, même en vacances à l'autre bout du monde, car c'est un moyen de ne pas s'isoler et sombrer dans les abysses. Être connecté aux autres, c'est avoir du répondant, se rassurer et valider ses objectifs. Le groupe donne une raison de vivre à tout être humain, et les réseaux sociaux en sont une nouvelle forme.

Dans cet univers règne « l'avatar », une créature imaginée par l'homme en société. Cette image éditée de lui-même renvoie son public à l'idéal dans lequel il se projette. Les traits de ce personnage sont plus marqués en ligne que dans des lieux physiques, même si l'avatar existe aussi dans les réseaux sociaux réels. Cet homme et cette femme rêvés ont gagné leur rôle en société, et les produits qu'ils consomment sont ceux qui assurent leur place au milieu des autres.

C'est pourquoi des marques renvoyant à cet idéal de richesse, de jeunesse et de dynamisme (associé au sport), telles que Burberry, Nike ou Starbucks, ont réussi sur ces espaces. En sociologie, pour expliquer les actions de chacun, on distingue deux courants contraires : le holisme et l'individualisme. Selon le holisme, les choix de l'homme, même les plus intimes, sont dictés par les lois de la société – le prénom de l'enfant, par exemple, donne des indications sur son origine sociale. Le culturalisme va dans ce sens en prônant que la « personnalité de base » est influencée par la culture en société. Les hommes font donc des choix de consommation pour parvenir à l'idéal véhiculé par la société. C'est, au XXIe siècle, quelqu'un de beau, jeune, riche, intéressé par la mode, le high-tech (si iPhone et iPad sont parmi les mots clés les plus recherchés sur Google entre 2007 et 2011, c'est qu'ils sont associés à une ressource pour accéder à cet homme idéal), la musique électro qui est diffusée dans les discothèques du monde entier. Dans ces lieux de rencontre contemporains que sont les réseaux sociaux, on retrouve donc naturellement des tendances chères aux annonceurs. Ainsi, les films, les musiciens, les livres que les internautes mettent en avant donnent à ces médias de précieuses indications sur nos potentiels produits rêvés.

L'individualisme dit au contraire que chacun a une marge de liberté individuelle dans cette société, et l'on retrouve en effet ces choix personnels lorsque l'homme ou la femme crée au lieu de consommer. Ainsi, les « buzz » proviennent toujours de ce besoin d'autonomie, de cette quête d'évasion de la société, sans pour autant se départir des codes qu'elle génère, bien au contraire, mais en les maîtrisant parfaitement.

Dans ce monde, initialement créé pour que les fans s'expriment en direct sur les agissements des stars (musique, cinéma, *people*) grâce au vocable de séduction et d'adoration qui va avec (amis, fans, « j'aime », commentaires sur un mur, le livre d'or numérisé), un public est également offert à Monsieur Tout-le-monde. La mode des selfie*s* s'explique ainsi par une mise en scène physique et le besoin d'imiter les poses réservées normalement aux stars, celles et ceux qui ont « réussi », car leurs noms sont connus de tous et que les grands médias parlent d'eux. Toutefois, pour le compte Facebook, ce public captif correspond à l'entourage du socionaute, qui n'a d'autre choix que d'adhérer à ce que publie cette pseudo-star, puisque seul le « j'aime » dicte les réactions. Ce monde est d'autant plus faux et proche d'un grand manège que personne n'a plus de dix vrais amis dans la vie. Lorsqu'un utilisateur réunit dans sa « liste d'amis » le collègue de travail, la rencontre d'un soir et sa famille pour arriver à plus de 300 personnes, ce chiffre lui permet d'être « comme les autres ». La notion de compétition se retrouve dans la quête du nombre d'amis, de «j'aime», de commentaires, et de produits glorifiant ses commentaires et publications. Le risque, pour le socionaute, de s'enfermer dans un monde réduit qui le vénère et aime tout ce qu'il pense et fait est réel.

L'homme consomme partout, chez lui et à l'extérieur, jour et nuit. Il publie donc forcément sur son espace de liberté en ligne ses produits favoris pour décrire son quotidien: ses vêtements, ses voyages, ses appareils high-tech et ses lieux de consommation préférés (cafés, cinémas, musées, clubs, etc.). Son autre activité principale est de commenter les produits des médias de masse, car ils fédèrent des millions de spectateurs et renvoient vers la notion de groupe: les émissions de télévision, les séries et films, les tournois sportifs et l'«actualité», de l'information triée et créée par ces médias puissants (télévision, radio, et versions Internet de ces médias...) qui siègent dans les foyers du monde entier. Twitter est ainsi le défouloir du peuple face à ces informations obligatoirement consommées. La véracité des propos institutionnels est ainsi mise en doute par le public, critiquée, mais quoi qu'il en soit, l'information est lue, ce qui finance ces médias[11].

QUEL EST SON RAPPORT AUX RÉSEAUX SOCIAUX ?

Si au début des réseaux sociaux, les internautes ont massivement adhéré à cette révolution de la communication, l'excitation des premières années a laissé place à la peur depuis qu'ils ont compris que ce qu'ils donnaient librement était transmis par ces réseaux à des entreprises. Ils voudraient pouvoir effacer ce qui ne leur convient pas, trier l'information qu'ils laissent et qu'ils reçoivent – le selfie

11. Le terme « *fake news* » devient alors le mot clé destiné à anéantir des pensées à contre-courant ou fausses sur Twitter. Cette expression illustre un combat plus souvent idéologique que réaliste dans les médias sociaux, où les médias traditionnels (financés en grande partie par l'impôt) diffusent des informations qui ne proviennent plus seulement des agences de presse.

est à ce titre caractéristique, marquant la volonté de contrôler leurs photographies… Sur ces sites communautaires, l'internaute n'est en fait qu'un produit, le véritable client étant l'entreprise qui paie pour obtenir des informations précieuses sur leurs cibles potentielles.

L'État, lui-même, suit de près ces médias qui tendent à lui échapper. Ils ont des règles que l'utilisateur ne peut pas toujours contrer, comme utiliser un vrai nom et prénom, ou ne jamais vraiment pouvoir supprimer son profil sur Facebook. Par peur de perdre sa confiance ou même de lasser (comme ce fut le cas avec MySpace), les réseaux sociaux choisissent de segmenter leur offre, comme Facebook avec Instagram pour la photographie et Messenger pour le chat, ou Google avec YouTube pour la vidéo et Picasa pour la photographie. D'autres réseaux choisissent de réunir toutes les fonctions sur leur espace, tels WeChat et Line, pour permettre d'aller à l'essentiel. Créer un réseau social de confiance, capable d'une administration complète de la part de l'utilisateur et réunissant toutes les fonctions du moment, est donc la clé du succès pour un futur développeur.

Nombre d'internautes sont tellement addicts à leur avatar qu'ils ouvrent ce média interactif de façon compulsive tout au long de la journée. Préoccupés par le fait de savoir si ce qu'ils publient intéresse les autres, ils pensent ainsi que leur art, leurs actions, ce qu'ils font au quotidien ont un but puisqu'ils génèrent des applaudissements virtuels. Pourtant, beaucoup d'utilisateurs cliquent sur «j'aime» uniquement pour signifier leur présence, attirer l'attention, ou pour ne pas se sentir seuls, sans même regarder ce qui est publié. Les internautes devraient donc prendre de la distance avec ce qu'ils publient, et faire l'effort de juger ce qu'il est intéressant ou non de partager. Si tout le monde faisait cet effort, il n'y aurait plus grand-chose sur ces réseaux, car la majorité des publications concernent des animaux et des bébés, des paysages pris en photographie, des citations d'auteurs ultra-connues trouvées sur la toile et des actualités piochées chez le voisin.

Tout ce qui flatte l'ego est partagé, comme tout ce qui valorise aux yeux des autres, tout ce qui renvoie à l'image de la réussite. Le but est d'obtenir le maximum de « j'aime » et de commentaires, ce qui pousse à l'addiction de la connexion Internet.

Le « haut de gamme » – les marques célèbres dans tous les domaines, vendues dans les *malls* du monde entier –, le design, le high-tech ont le vent en poupe dans ce monde connecté où des tendances se dessinent rapidement. Les jeunes Occidentaux de classe sociale aisée sont par exemple fans des mêmes musiciens de rock et électro tels que Coldplay et Mr. Oizo, adulent les marques telles que Abercrombie & Fitch et Hollister, achètent des produits Apple, font et défont les destinations de voyages (Ibiza, Miami, et aujourd'hui le Costa Rica ou l'Inde)... Ils définissent un idéal que tentent de suivre tant bien que mal les autres classes sociales, hormis pour la musique – les genres RnB, latino sont ainsi préférés par les classes plus modestes.

À SAVOIR

Trois types de marques sont présentes sur les réseaux, cette scène de théâtre publique appelée *social media* par le consommateur renommé « socionaute » :

– la marque haut de gamme (ou qui en imite les codes, comme Nespresso), car elle est un symbole de réussite en société – contrairement à celle bas de gamme qui provoque la honte en public ;

– la marque qui crée une émotion avec ses pubs : susciter le rire comme Burger King, attendrir comme UPS avec *Pilot* (extrait de la campagne #WishesDelivered) ou choquer, comme Benetton dans les années 1990 ;

– la marque qui a un sens politique ou sociétal : L'Oréal et le féminisme incarné par le hashtag #WorthSaying, ou la campagne de Nike avec Colin Kaepernick.

La marque d'entrée de gamme peut et doit alors jouer sur l'émotion ou la RSE pour exister sur les murs des socionautes.

Que partagent-ils d'autre ? Les nombreuses publications autour des chats et des chiens qui envahissent les réseaux sociaux et créent de l'émotion ou de l'amusement viennent sans doute combler un manque, ou une peur de la solitude. Les états d'âme forment aussi une grande partie des publications dans le média social. Les sautes d'humeur provoquées par la météo[12], les bonnes et mauvaises nouvelles du quotidien s'affichent sur les murs. Entendons par « quotidien » tout ce qui a trait au travail, aux dépenses, aux liens familiaux, amoureux et amicaux. Cependant, beaucoup se retiennent quand les mauvais jours sont là, car n'oublions pas que la publication en ligne ressemble à une sortie en public. On se maquille, influencé par une injonction sous-jacente : sourire devant, souffrir dedans. Les aboutissements personnels sont des temps forts sur les réseaux : un examen réussi, un commentaire positif sur un travail réalisé, etc., car ils assurent des réactions populaires de la part du microcosme, l'entourage.

Les actualités des grands médias ont beau être vues et lues par la majorité des internautes, elles sont republiées quand même par le plus grand nombre, et sans véritable plus-value, si ce n'est une simple phrase exprimant une réaction. Imaginez que Twitter efface les RT (partages de publications sur Twitter) et les actualités pointant sur une même source, il n'y aurait plus beaucoup de tweets. Le fait est que ce média social ressemble à un grand village sous influence américaine, comme un aéroport : on y retrouve les mêmes marques, les mêmes façons de s'habiller, de discuter.

La famille, les amours, les amis, en photographies, vidéos et citations, forment la majeure partie des publications de Facebook. Le nom « réseau social » renvoie à la sociabilité, le fait de savoir vivre avec les autres, et donc de faire des choses ensemble, d'écouter et de supporter l'autre. Raconter sa vie sexuelle reste le dernier tabou de cette société, même si l'on affiche en revanche clairement ses attirances sexuelles et son statut (célibataire, dans une « relation compliquée », etc.). La recherche de sensations fortes passe aussi par le sexe qui existe bel et bien en ligne avec des sites dédiés plus visités que bon nombre de sites de commerce.

---

12. Il est reconnu que la lumière joue un rôle indispensable dans la régulation de notre horloge biologique circadienne et des fonctions qui en découlent, dont l'humeur.

Être fier de son appartenance à un groupe, quel qu'il soit, n'est pas une lubie des temps modernes. Le succès des groupes en ligne autour d'un pays ou d'une ville s'explique par le concept de la communauté rassurant l'internaute dans son existence. En adhérant à ces espaces, il a l'impression d'être comme les autres puisqu'il partage les mêmes lieux de passage, les mêmes valeurs et souvenirs. Cela l'aide à se sentir citoyen et à donner un sens à ses origines.

Rendre public ce que l'on mange et boit est un plaisir et prouve des habitudes de luxe lorsqu'il s'agit d'un bon restaurant ou d'un lieu branché. Personne ne publie qu'il boit l'eau du robinet dans des toilettes publiques ou qu'il mange une boîte de thon. La fierté et l'illusion d'une consommation ostentatoire de produits classés dans la catégorie haut de gamme sont une nouvelle fois à décrypter dans ces cas.

Le plus grand frein, souvent transgressé, des socionautes est d'exprimer en public leurs opinions politiques et religieuses. Si les réseaux anonymes comme Twitter ou YouTube, qui permettent l'utilisation d'un pseudonyme, révèlent les vraies opinions, les gants sont mis sur Facebook, comme à table avec des amis, collègues ou connaissances. Dans cet univers du « j'aime », les mauvaises langues et les colères sont évitées. Il est plus facile de s'exprimer en public sur des futilités que sur des questions de société. Sur Twitter, personne ne répond vraiment, car personne ne lit vraiment, sauf pour les rares comptes très suivis, donc les coups de gueule sont plus simples, mais moins courageux. Ce silence forcé peut être vécu comme frustrant, si bien que de nouveaux réseaux sociaux se créent parfois pour permettre de se défouler intellectuellement et en toute impunité (comme l'éphémère Secret en 2014-2015 par exemple).

Quoi qu'il en soit, se placer dans un univers où tout est conforme à son opinion, et où tout ce qui vient la contredire est banni, devient une forme d'exclusion. Les autres opinions et sources d'information sont perçues comme parasitaires. Cette attitude plonge le socionaute dans un micro-univers qu'il contrôle, qui le flatte et qui, *in fine*, le rend ignorant et imbécile. « Au royaume des aveugles, les borgnes sont rois. »

QUEL EST SON RAPPORT AU COMMERCE ?

Dans la plupart des cas, personne n'aime entendre parler de commerce, de vente et de produits dans son espace de détente que représente le *social media*. Sur les autres médias non plus ; la seule arme pour éviter ces messages intrusifs à la télévision ou à la radio est de zapper. Le mot « publicité » lui fait peur, car il fait directement référence au vol de son porte-monnaie, à l'hypocrisie d'un message destiné à lui faire sortir sa carte bleue. Le terme « spam » des messageries Internet est d'ailleurs né de ces publicités virtuelles qui inondent les boîtes postales en ligne, comme les flyers physiques qui finissent tout le temps à la corbeille. Or l'internaute ne fait que mentionner des produits et parler d'entreprises sur ses « murs » virtuels[13]. Il attend donc d'elles qu'elles le séduisent, que leurs produits deviennent des objets prisés et qu'il y ait une certaine humanité dans l'acte de recherche et d'achat, c'est-à-dire que les entreprises incarnent des valeurs, une philosophie, un art de vivre ou un idéal. Il peut alors cliquer sur « j'aime », comme on aime une star de la musique. Cette dernière est également un commerçant, ses produits sont des chansons, mais puisqu'elles touchent le cœur et les sensations humaines, on ne parle pas de produit. Dans la maison de disques, les chefs de produit marketing s'appellent des chefs de projet, pourtant ils font le même travail que dans n'importe quelle autre entreprise. Pour que le socionaute devienne un ami ou un fan, l'entreprise doit donc œuvrer dans ce sens et revoir son champ lexical, sous peine d'être bannie d'un univers amical où la proximité et l'humanité règnent.

13. Notre génération scrolle comme elle zappe. Elle ne supporte pas la publicité mais parle tant de ce qu'elle consomme que les murs des internautes deviennent de véritables panneaux publicitaires sur les réseaux. Voilà pourquoi la communication est la clé pour continuer à faire de la publicité en finesse !

LES CONSÉQUENCES DU *SOCIAL MEDIA*

La conséquence directe de la numérisation des industries, de leur production à leur diffusion, est de transformer le consommateur en un acteur influent, puisque son avis devient public, et en un producteur de contenu.

LES MÉDIAS DE DIFFUSION

Depuis que les médias sociaux occupent le quotidien des populations, la presse écrite vit sous perfusion. En France, elle est en grande partie subventionnée par l'État, sous forme d'aides publiques versées annuellement. Autre phénomène : elle se concentre ; de grands groupes (tels que Lagardère) ou des personnalités (comme Matthieu Pigasse ou Xavier Niel, de Free) contrôlent désormais plusieurs médias historiques. Les sites des journaux et magazines, qui permettent de sauver les ventes en chute libre du papier, ont dû s'adapter à l'ère de l'immédiateté, avec ses articles aux titres sulfureux, si bien que nombre de publications dites « sérieuses » traitent désormais des *people* et autres futilités pour attirer les clics du socionaute. Mais pour cette dernière démarche, il faut du temps, ce qui est antinomique avec la multiplicité des contenus qui défilent sur les *timelines* et qui déconcentrent très rapidement ce spectateur connecté.

Pour continuer à réunir des spectateurs, il faut les divertir, et le plus simple pour y parvenir est de scénariser les scandales, montrer du sang, des célébrités nées elles-mêmes par le biais de ces médias de masse, et créer de l'émotion. Ainsi, à la télévision, on assiste à un changement éditorial: des journaux télévisés qui mettent en une les faits divers, des émissions d'enquêtes policières, d'autres construites autour de personnes lambda starisées (musique, cuisine, téléréalité). Le spectateur peut ainsi continuer à s'identifier et suit ces programmes addictifs, courts et hebdomadaires. Cependant, en plus de la multiplicité des chaînes, la télévision doit combattre les médias sociaux, dont YouTube, qui donnent une nouvelle vie à la vidéo, avec un autre type de consommation à la carte à mille lieues de la fameuse «grille des programmes».

Le rôle du journaliste a été remis en question avec Twitter et plus récemment Periscope, qui ont démocratisé le *live stream*: du contenu en direct, sans filtre, rendu possible par le fait que les smartphones sont équipés d'une excellente qualité de film vidéo. Depuis une décennie, la source de l'information n'est plus réservée à une élite: le journaliste qui se contentait de diffuser les titres de l'AFP ne peut plus exister comme tel, puisque l'AFP est devenue Twitter, et que Periscope est alimenté par les vidéos de l'humanité connectée. Il faut désormais qu'il authentifie l'information provenant de Monsieur Tout-le-monde sur Twitter, ou qu'il soit expert d'un domaine pour apporter un plus à une source qui va inonder le web en quelques secondes. Le journaliste doit en tout cas très souvent «forer en eaux profondes» pour justifier son métier, comme l'avait confié Philippe Labro à *Lordz Magazine* en 2013, mais c'est souvent contraire à la volonté des groupes de presse qui veulent être les premiers à publier une information pour attirer les clics et séduire les annonceurs. Sachant qu'il faut justifier de plus de 500 000 visiteurs uniques par mois pour entrer dans une régie publicitaire qui va rémunérer de façon conséquente le site Internet!

Le métier de relations presse (RP) a également évolué. Le porte-drapeau d'un produit, quel qu'il soit, doit faire sa promotion à l'aide de Facebook, de LinkedIn, de Twitter, où celui qui fait une requête peut entrer en contact direct avec le produit et son producteur. La clientèle active de Twitter est justement constituée de journalistes.

L'ENTREPRISE

L'entreprise paie bien souvent le coût de son ignorance des réseaux sociaux et de son manque de prospective. L'architecture des services marketing et communication tourne encore beaucoup trop autour du web 1.0, qui repose sur le moteur de recherche et le site Internet.

Les métiers du 1.0 sont donc le développeur et le graphiste, qui gèrent la construction et la décoration de cette boutique virtuelle, ainsi que les spécialistes du référencement (SEO et SEA[14]), qui s'occupent de la faire connaître sur les pages jaunes en ligne : Google. Dans ce web, né à la fin des années 1990, l'affiliation – c'est-à-dire le fait de se servir de sites partageant une même cible – implique également le graphiste dans la création de bannières publicitaires. Le langage publicitaire ressemble à celui des médias de diffusion historiques, car le consommateur ne peut lire que les publicités. Son seul lieu d'expression est le forum de l'entreprise lorsqu'il existe, et le chat privé, qui n'a donc aucun écho public.

Le problème de ce service digital aujourd'hui est bien souvent sa déconnexion du monde réel. Nous sommes dans l'ère du *full 2.0* depuis que les réseaux sociaux sont devenus la plateforme principale du web. L'entreprise doit donc apprendre à s'y référencer. L'équivalent du SEO, expression du 1.0, sur ce web 2.0 est l'utilisation des hashtags liés à son activité pour remonter dans les *timelines* lorsqu'un socionaute recherche une information sur ces espaces interactifs. Le travail des balises sur le site Internet, c'est-à-dire ajouter des mots clés destinés à être recherchés sur Google par la cible de l'entreprise, ressemble donc à ce langage social et plus humain, puisqu'il s'agit de rédiger des publications citant les mots clés liés au secteur d'activité. On parle de *Social media optimization* ou SMO. Quant à l'équivalent du SEA (Google Ads, achats d'espaces publicitaires), il ressemble au travail des *social*

14. Le SEO (pour *Search engine optimization*) est l'optimisation pour les moteurs de recherche (en quelque sorte, le référencement naturel) et le SEA (*Search engine advertising*) est le référencement payant.

ads : acheter de la publicité sur les réseaux sociaux, car la viralité (ou « buzz ») est de plus en plus rare de façon organique (gratuite) depuis que le monde entier y est présent et que la portée naturelle des publications est faible, noyée dans le lot des messages mondiaux. Un budget publicité *social media* est donc devenu indispensable. N'oublions pas non plus que les pages Facebook, Twitter ou LinkedIn de l'entreprise sont devenues des lieux attractifs pour les consommateurs, car ils y perçoivent une prise de parole humaine de la marque, quand le site Internet est conçu comme un catalogue digitalisé sans âme, avec bien souvent la boutique comme porte d'entrée.

Tout cela peut sembler logique, mais alors pourquoi confie-t-on encore parfois le média social à un stagiaire ou à un poste en fin de chaîne du 1.0, que l'on surnomme *community manager*, métier qui devrait être la nouvelle forme de relation client ? C'est un non-sens de croire que les réseaux sociaux sont une mode, des sites de rencontre ou des sites pour les jeunes uniquement réservés aux marques dans des secteurs ludiques et exclusivement B2C (qui s'adresse à une clientèle de particuliers). Il convient de nos jours de restructurer le service marketing communication avec un chef de projet *social media* que l'on nomme *content* ou *social media manager*, car c'est lui qui va produire du contenu pour ce nouveau média.

Les messages publicitaires directs ne fonctionnent plus sur les réseaux sociaux, car ils sont vus comme des « pousse à l'achat » inappropriés dans ces nouveaux espaces de détente. Il faut donc rédiger en faisant disparaître le langage marketing pur (« achetez, inscrivez-vous, promotion, réduction, offre, prix, vente, etc. ») au profit d'un langage humain et séducteur pour faire interagir le consommateur. Les textes doivent être courts et percutants afin d'entrer dans le format Twitter (qui s'est généralisé sur le web) et attirer les clics. Aussi, les webs 1.0 et 2.0 ont une différence majeure : l'un reposait sur l'écrit, et l'autre s'appuie sur l'image et la vidéo, le format le plus chaud et le plus humain qui soit.

Le *content manager* (ou *social media manager*) doit donc dans l'idéal avoir une formation rédactionnelle, car il est le journaliste de la marque, ou mieux encore son rédacteur en chef. Il doit piloter des graphistes, des photographes, des réalisateurs et monteurs vidéo pour produire ces contenus. Cela suppose de préparer un planning mensuel de publications qu'il confie ensuite à son ou ses *community manager(s)* pour la partie opérationnelle et la gestion des communautés sur ces médias : SAV, réponses rapides aux questions et analyse du planning mensuel pour l'adapter à l'actualité et aux nouveaux langages et modes de consommation du contenu en ligne. Si un client est mécontent d'un service et le tweete, il faut pouvoir regagner sa confiance en lui offrant un service gratuit par exemple. Si une actualité inonde les réseaux sociaux et concerne la cible de la marque, il faut pouvoir créer rapidement une publication.

L'entreprise doit choisir les réseaux sociaux qu'elle va pénétrer en fonction du profil type de leurs utilisateurs afin de toucher les bons prospects. Penser que cette activité va se traduire tout de suite par des ventes est faux, cette vitrine humaine sert d'abord à se faire connaître et à séduire. Le prospect doit comprendre en un regard qui est la marque, son caractère, ses valeurs et ses forces à travers son image 2.0. S'il adhère à son univers, son *lifestyle*, son message publicitaire humanisé (voire déguisé), il finira par aimer, acheter et défendra en plus sa marque comme une équipe de foot qu'il supporte.

Alors, quelle est la structure idéale du service web marketing en 2021 ? Sans remettre en cause le service digital dédié à Google et au site Internet, organisé autour d'un chef de projet web 1.0 qui pilote des développeurs, graphistes et spécialistes du référencement (SEO et SEA), nous allons lui retirer le poste bancal de *community manager*, qui n'a en réalité rien à voir avec son métier et implique d'autres types de contenus que ceux provenant de la télévision, de la radio et du *display* (où l'interactivité avec le message publicitaire n'existe pas).

En parallèle, un autre service doit donc être créé spécialement pour le nouveau digital : le web 2.0 articulé autour des médias sociaux.

Ce service doit être dissocié du 1.0, car il implique beaucoup plus de productions de contenus : des posts quotidiens, et forcément une arme créative prête à publier rapidement. Dans ce sens, maîtriser la suite Adobe et les différentes applications mobiles de création est indispensable. En réalité, ce service ressemble au comité de rédaction d'un magazine papier quotidien. Le *social media manager* est le rédacteur en chef, et le ou les *community manager(s)* son ou ses journaliste(s).

La structure idéale du service *web marketing*

	WEB 1.0 Google, application mobile & site Internet	WEB 2.0 Médias sociaux & impact sur le site Internet et l'application mobile
Tâches	Affiliation *Display* Référencement naturel et payant (SEO/SEA)	*Brand content* Référencement naturel et payant sur les médias sociaux (SMO/SMA) SAV social (*via* Twitter, etc.)
Responsable du service	Chef de projet web	*Content* (ou *social media*) *manager* : planning rédactionnel, brief des visuels…
Exécutifs	Développeur	Graphiste-réalisateur Vidéo-photographe : production du *brand content*
Exécutifs	Graphiste	*Community manager* : relation client sur les médias sociaux & *newsjacking*

À SAVOIR

Le **futur de l'Internet** est fatalement la réunion du 1.0 (site Internet vitrine, e-commerce et moteur de recherche) et du 2.0 (réseaux/médias sociaux) : dans ce **3.0**, les plateformes en ligne offriront toutes ces fonctionnalités en même temps. Comme Instagram, qui dessine le futur du e-commerce avec la vente en direct de produits. N'oublions pas que l'objectif d'une plateforme en ligne est de garder le plus longtemps possible son visiteur dans son écosystème.

FICHE

FICHE DE POSTE DU *COMMUNITY MANAGER*

Créer et fédérer une communauté d'internautes

Missions

Le *community manager* est chargé de créer et de fédérer une communauté d'internautes autour d'un intérêt commun. Sa mission consiste à développer et à gérer la présence d'une organisation (marque, association, produit, jeu...) sur Internet. Ambassadeur auprès des internautes, le *community manager* communique le message de l'entreprise vers l'extérieur et fait part à l'entreprise des réactions de la communauté.

Ce dialogue avec les internautes est primordial : il permet d'un côté de diffuser les conseils et le catalogue de l'entreprise et, de l'autre, de faire remonter les remarques ou critiques vers les services de l'entreprise concernés.

Activités et tâches

- *Community management* des marques principales dans les réseaux sociaux ;
- Audits d'e-réputation ;
- Conception et mise en œuvre de dispositifs communautaires ;
- Mise en œuvre de campagnes d'influence ;
- Mesure et analyse de la performance de projets communautaires (*reporting*, veille, etc.).

Compétences et expériences

- De formation bac + 3 minimum (école de communication, marketing digital) ;
- Expérience au sein d'une agence digitale ou chez l'annonceur appréciée ;

- Issu(e) de l'univers de la communication et du digital, sensibilité forte pour le marketing ;
- Sens aigu du relationnel et de bonnes qualités rédactionnelles ;
- Grammaire et orthographe irréprochables ;
- Présence personnelle active sur les médias sociaux.

Rémunération

Environ 1 700 euros net/mois.

FICHE DE POSTE DU *CONTENT MANAGER* (OU *SOCIAL MEDIA MANAGER*)

Créer et gérer des contenus numériques pour une entité.

Missions

Piloter la production de contenus créatifs et de qualité pour le média social, en accord avec la communication de la marque. Le fait qu'il soit au même niveau que le chef de projet web 1.0 lui permet d'avoir la liberté d'ordonner et de publier ses contenus sans validation au préalable. Ce travail se matérialise par la construction du planning mensuel de publications. Il doit veiller à la bonne image de marque online et assurer le SAV online.

Activités et tâches

- Participation à la définition de la stratégie éditoriale principale ;
- Rédaction de contenus : articles, reportages, interviews, plaquettes commerciales, etc. ;
- Conception et développement des contenus pour les clients : vidéos, *storyboards*, animations sur les réseaux sociaux… ;
- Respect du planning éditorial ;
- Propositions de contenus pertinents, innovants et/ou déclinables ;
- Veille constante.

Compétences et expériences

- Formation orientée journalisme ou communication digitale ;
- Première expérience professionnelle similaire de trois ans minimum en tant que journaliste, blogueur(-se), *community manager* ou chargé(e) de contenus, en agence ou chez l'annonceur ;
- Passionné(e) par les réseaux sociaux ;

- Excellente culture générale ;
- Qualités relationnelles et plaisir à travailler en équipe.

Rémunération

Environ 3 000 euros net/mois.

PARTIE 2

UNE NOUVELLE COMMUNICATION, UN NOUVEAU MARKETING

LES TROIS TYPES DE MÉDIAS EN SOCIOLOGIE

Il existe trois types de médias selon les sociologues. Les expliquer et les commenter va nous aider à préparer notre stratégie digitale :

- **Les médias autonomes :** le print (flyers, publicité dans le métro, dans les magazines papier). L'émetteur (la marque) diffuse son message de façon unilatérale. Cette publicité doit être comprise en un regard avec des mots très simples, et donc souvent le prix, l'adresse et le produit sont mis en avant.
- **Les médias de diffusion :** la télévision, le cinéma, la radio. Ces médias, touchant pour la première fois de l'histoire des millions de consommateurs, ont inspiré le marketing, une notion née dans les années 1950 pour exprimer les techniques de vente aux « masses » sur ces nouveaux supports de diffusion. En réunissant les individus dans de grandes villes avec les mêmes marques et le même rythme de consommation (les vacances scolaires, les horaires de travail), les « *personas* » sont nés. Le message publicitaire y est diffusé, mais sans réponse directe du consommateur. L'interaction n'existe pas.
- **Les médias interactifs :** le téléphone, Twitter. Le téléphone a permis, pour la première fois depuis le commercial en porte à porte ou la boutique de proximité, au consommateur d'interagir directement avec l'annonceur. Mais Twitter a rendu cette discussion publique, ce qui gêne encore les marques. La page Facebook n'est pas vraiment un média interactif, car contrairement à Twitter, les commentaires dérangeant la marque peuvent être supprimés.

Dans les deux premiers types de médias, on peut parler de communication verticale avec la marque en haut et le consommateur en bas. Dans les médias interactifs qui caractérisent le XXIe siècle, la communication devient horizontale. Cette notion change fondamentalement le marketing et la communication puisque la marque est obligée d'intégrer sa cible dans le processus publicitaire.

L'HUMANISATION DE LA MARQUE : *PERSONAL BRANDING*

Avant de démarrer une stratégie digitale, il faut revoir le discours de l'entreprise pour la préparer à affronter en direct les prospects et les consommateurs, et surtout l'aider à leur donner envie d'aimer son univers spontanément.

LES VALEURS HUMAINES

Le processus d'humanisation de la marque est difficile lorsque celle-ci ne s'est jamais vraiment posé la question suivante : qui suis-je ?

Si j'étais une personne, quels seraient mon caractère, mes opinions, mes goûts ? En faisant cet exercice, des traits humains vont ressortir. Castorama peut par exemple être une personne généreuse, bienveillante, disponible, experte en décoration d'intérieur. Castorama n'aimerait sûrement pas la politique et ne prendrait pas parti dans des sujets à polémique. Arriverait-on à faire parler Castorama s'il y avait une Coupe du monde de football, sujet favori des twittos en 2018 ? Oui, avec par exemple une photographie présentant un téléspectateur habillé en footballeur dans son salon sans canapé assis par terre accompagné du texte : « Votre meilleur ami pour la #WorldCup vous attend chez nous ! »

Cet exercice de personnification de l'entreprise permet une chose essentielle : définir les limites de la communication de la marque pour savoir de quoi elle va parler en ligne, tout en respectant son rôle et son ADN.

LE SLOGAN

Les qualités humaines d'une entreprise sont le meilleur argument pour séduire le public dans une génération qui achète non pas par besoin, mais pour affirmer aux autres son statut social et valoriser son ego.

Si Nike fonctionne mieux qu'Asics, ce n'est pas tant en termes d'expertise, mais de communication. La phrase ou l'expression qui accompagne la marque pour l'identifier peut réussir à attirer les consommateurs vers la notion de communauté, si chère à l'individu qui achète pour faire partie d'un ensemble. Le «*Just Do It*» de Nike est un slogan intelligent, car il s'échappe du produit, les vêtements de sport, pour rejoindre un trait humain: le dépassement de soi. Consommer devient alors une philosophie de vie, l'acte d'aller toujours plus loin.

Pour créer un bon slogan, il faut oublier son produit et se concentrer sur les valeurs humaines de sa marque, sa chaleur humaine. La communication va ainsi devenir plus large, car le vocabulaire marketing ne sera plus nécessairement employé pour vendre. Si Starbucks et ses cafés sucrés à 5 euros donnent le sourire à des clients énervés de payer un café de meilleure qualité à 1 euro dans un bar-tabac, c'est que la communication de ce café joue sur un univers recréant les codes de vie du citoyen new-yorkais, capitale de la consommation, avec son MacBook et son journal en train de travailler «à la cool», un symbole de la réussite dans la société occidentale.

LE LANGAGE ET LA TONALITÉ

Toute communication s'accompagne d'un langage défini. Va-t-on tutoyer les clients? Parler à la première personne sur la page Facebook et Twitter? Va-t-on adopter un ton neutre et informel, sarcastique, comique? Ces choix sont importants, car ils sont le reflet de la personnalité de l'entreprise. Puisque l'on entre dans une discussion, et plus, un monologue avec un consommateur réactif, il faut bien choisir ses mots pour engager la conversation.

Vous noterez que ce travail effectué en table ronde avec le président de l'entreprise et le responsable de la communication ressemble à la création du magazine interne de l'entreprise, sauf qu'il s'agit de s'exprimer en public et non plus seulement aux employés, avec pour objectif la viralité et l'émotion.

LA CHARTE GRAPHIQUE

Dans tous les médias, les couleurs et l'esprit graphique de l'entreprise sont primordiaux. Ils vont donner un ressenti de votre communication. Donc rien ne doit être laissé au hasard. Les couleurs choisies sont ainsi la déclinaison de la communication, et doivent s'exprimer à l'identique du site Internet aux médias sociaux, dans leurs murs tout du moins, car les contenus vont varier dans chaque espace pour donner envie d'adhérer à chacun.

Le sens des couleurs

Violet	Expérience, maturité, pérennité
Rose	Féminité, raffinement, séduction, douceur, enthousiasme, tendresse, jeunesse
Rouge	Action, combativité, ardeur, triomphe, interdiction, intensité
Orange	Tonicité, sécurité, innovation, optimisme
Jaune	Joie, chaleur, connaissance, tonicité, générosité
Vert	Espoir, stabilité, sécurité, protection
Bleu	Sérénité, liberté, évasion, fraîcheur, créativité
Gris	Calme, sérieux, discrétion, douceur
Noir	Élégance, simplicité, sobriété, rigueur, mystère

Source : www.lagenceplanete.fr

LA COMMUNICATION HORIZONTALE

DÉCRYPTER

La communication est l'art de donner du sens à un langage, quel qu'il soit. Si nous observons les humains communiquer entre eux sur les réseaux sociaux, on peut toujours déceler une envie de garder ou d'entrer en contact, même derrière des publications aussi anodines que de l'humour ou un commentaire creux sur le climat. On retrouve ainsi l'équivalent de la gestuelle, du regard et de la position corporelle avec des outils différents, car numériques : ce que véhicule une image, l'emploi ou non de caractères majuscules, d'émoticônes et de smileys. Une émotion est ainsi tout à fait conductible sur le web, et l'entreprise doit maîtriser ce langage pour dialoguer avec ses clients, que l'on appellera désormais fans ou amis pour éviter de faire fausse route.

APPRENDRE

Avant de se lancer aveuglément dans cet univers, il est important que l'entreprise comprenne ce qui va suivre. Aussi étonnant que cela puisse paraître, la série américaine *V* est le meilleur parallèle pour intégrer le rôle de la marque dans cet espace créé au départ pour que les humains se rencontrent et partagent leurs passions. Dans cette superproduction, des extraterrestres se posent un beau jour sur terre et sont acceptés par la majorité des hommes. Leur secret ? Ils arrivent avec la main tendue et le sourire, habillés comme des êtres humains et parlant comme eux. Ils offrent leur expertise en science et en recherche médicale sans rien demander en échange, et *in fine* les êtres humains sont séduits et les adulent, car ils les aident. Mais en réalité, ils sont venus sur terre, car ils n'ont plus d'eau sur leur planète – alors que l'eau est leur source alimentaire. Ils sont donc là pour tuer les humains, mais gardent cachée cette motivation pour éviter de semer la panique. La marque, elle, œuvre pour vendre et donc récupérer l'argent des citoyens dans le but de prospérer et de survivre. Les *V* pour « *Visitors* » sont en fait des reptiles sans émotion. Ils ont appris à se comporter comme des hommes, et à leur ressembler avant de venir sur terre. La marque doit faire ce même effort pour parvenir à ses fins, par exemple en offrant une partie de son expertise gratuitement pour transformer un prospect en fan.

Arriver en tant qu'entreprise impersonnelle, sans visage humain, en ne parlant que de produit, prix, promotion, est voué à l'échec. L'être humain n'est pas dupe, et si l'on tape à sa porte et que l'on veut entrer chez lui, il faut savoir lui parler et lui ressembler. Mais pour être sûr d'entrer, le mieux est de se faire inviter.

Cela ressemble aussi à de la séduction dans la rue. Aborder une personne en lui demandant ses coordonnées fonctionnera moins que de commencer la discussion par une question anodine sur l'instant partagée avec le sourire. L'intrusion n'est jamais bien perçue, mais l'entreprise a ce réflexe car elle communiquait avant les médias sociaux dans des espaces acquis et réservés pour elle.

ÉCOUTER

Dans tous les autres médias précédant les réseaux sociaux, y compris le site Internet, l'entreprise ne se souciait pas autant de prioriser le contact direct avec son client, car ces échanges étaient faits en coulisses, ou en direct pour du SAV et de la vente dans une boutique, mais avec un public réduit, voire inexistant. Les défaillances techniques et les erreurs de communication pouvaient donc être étouffées facilement, et les « scandales » ne désignaient que de rares cas, touchant plusieurs consommateurs en même temps, que les grands médias décidaient de relayer.

Les formats publicitaires courts instaurés à la télévision (30 secondes), à la radio (15 à 30 secondes) et dans la presse écrite (une page de format A4) ont poussé à communiquer avec efficience, c'est-à-dire à faire une présentation du produit avec son consommateur modèle, et son bénéfice client. D'autant plus qu'à la télévision, à la radio, au cinéma, dans un magazine ou dans la rue, le public visé est statique, invisible et en fin de chaîne du message publicitaire. Il ne peut que lire le message, et être impacté ou non. Parlons de verticalité pour illustrer ce rapport : la marque est en haut du message, et le consommateur en bas, avec comme seule manœuvre l'achat (ou non) en boutique. Sa parole et son avis sur cette publicité sont invisibles.

Pour que le message soit bien diffusé, les services marketing travaillent depuis les débuts de ces médias sur des techniques aidant le passant auditeur et spectateur à le digérer inconsciemment. À la radio, la voix de la marque doit être claire, séductrice, et avoir des intonations marquées sur les mots importants pour attirer l'oreille. À la télévision, les publicités de 30 secondes se calent sur les séries créées rappelant le théâtre : des *personas* renvoyant l'image de l'idéal de la cible, une scénarisation souvent surjouée et des images percutantes pour que le message soit simple à comprendre et que le regard ne se détourne pas.

Si le message radio n'a jamais vraiment changé et joue toujours sur la musicalité des mots et la mise en scène d'informations basiques à propos du produit (une promotion dans un lieu par exemple), dans l'histoire de la publicité vidéo (télévision et spots cinéma), on peut noter des tendances différentes en fonction des décennies. Les avantages du produit des années 1970 ont laissé place à une scénarisation cinéma dans les années 1980, recourant à l'univers de la science-fiction (comme le « 1984 » d'Apple), à celui du romantisme (pour les parfums), et faisant appel aux stars, égéries employées pour mieux vendre la mode ou des produits de sport. Le but est depuis de faire rêver et de hisser la marque – quelle qu'elle soit – vers le fantasme. Dans les années 1990, le but fut de choquer le téléspectateur qui devenait hermétique à ces «pousse à l'achat» intrusifs, avec par exemple des vidéos contre les accidents de la route, ou la marque Benetton et ses campagnes sujettes à controverses, on parle de «*shockvertising*». En cassant le côté *corporate* qu'avaient jusque-là les publicités dans un univers encadré en France, par le CSA, la marque arrivait à s'illustrer parmi une quantité de produits et de chaînes de plus en plus importantes.

Depuis, la publicité télévisée tente de s'approcher soit de la perfection dictée par le cinéma hollywoodien, soit d'une vie de famille réelle mais idéalisée, alors qu'elle devrait se caler sur des formats plus réalistes.

LE RENVERSEMENT DU MESSAGE PUBLICITAIRE

Ce rapport publicitaire unilatéral est bousculé depuis l'avènement des médias sociaux comme média principal. Il y a aujourd'hui un décalage important entre ce message publicitaire vertical sans écho et la réalité. Le consommateur a pris l'habitude de prendre la parole en public et de se faire entendre *via* les forums de discussion du web 1.0, mais avec plus d'impact depuis Twitter. Ce réseau social initialement créé pour publier des SMS sur le web a séduit le monde entier.

Le sentiment de joie procuré par le fait de vivre les mêmes choses que d'autres hommes sur terre, aussi anodines soient-elles, et de se sentir écouté sur tous les sujets, avec comme commentaires les tweets et pour public les millions d'internautes, a brisé ce qui fondait le concept de grand média. Si une personne lambda peut s'adresser potentiellement à des millions d'autres personnes gratuitement depuis Twitter, que deviennent les estrades réservées à une élite et à une poignée de citoyens que constituent la télévision, la radio ou la presse écrite ? Si le public est sur scène, qui sont les acteurs ? Qui a raison, qui a tort ? Et qui a la légitimité du propos ? Le message est subitement devenu horizontal avec le succès de ce réseau social qui fonctionne sur le principe de la bouteille lancée dans l'océan que représente le web, et la marque a été obligée de se jeter dans cette fosse aux lions pour affronter directement les critiques sans plus pouvoir les étouffer.

Ce bouleversement caractérise en tout cas un message publicitaire à deux vitesses entre les différents médias. Ceux du XXe siècle, pré-Internet, auront du mal à survivre aux médias sociaux s'ils ne donnent pas plus la parole au public qui a maintenant dans ses gènes la volonté d'intervenir, de commenter et d'être écouté. La télévision et la radio l'ont compris avec l'appel aux commentaires sur les médias sociaux à l'aide du hashtag pour chaque émission (#TopChef, #TheVoice...).

FACE À FACE

Puisque la marque n'est plus sur scène face à ses consommateurs, mais dans les gradins aux côtés de ses amis consommateurs et prospects, elle ne peut plus se contenter de diffuser un message publicitaire empirique, basé uniquement sur le fantasme et l'idéalisation de la société. La starisation du produit doit continuer pour séduire le client, mais elle doit s'accompagner d'une proximité avec lui qui pouvait être ignorée avant les réseaux sociaux. Le terme de *Business To Consumer* (ou B2C) est donc caduc, car il implique une différence entre deux entités qui sont désormais sur le même terrain, face à face.

De plus, ces notions de business et de consommateurs renvoient encore une fois à l'argent et au commerce, ce que ne veut plus entendre le citoyen. Il attend plus que jamais d'être valorisé en tant qu'individu en adhérant à une marque, car rappelons que ce consommateur a déjà tout et achète deux fois le même produit pour justifier le statut social qu'il vise. Alors, plutôt que de snober les consommateurs et de transformer cette scène partagée en un ring, il s'agit de se prendre par la main et d'aller dans les *starting-blocks* pour courir ensemble vers un succès commun. Les applaudissements, la fierté et la fraternité sont ainsi des notions bien plus adaptées à une communion entre le marchand et ses fidèles, avec bien sûr toujours, en toile de fond, le principe de consommation. Dans ce cadre, les notions de produit et de marque peuvent-elles encore subsister si le fan n'attend plus un produit, mais un service véhiculant des valeurs humaines ? Ces réseaux sociaux annoncent le retour dans les mentalités de l'artisanat et du commerce de proximité.

Pour servir ce nouveau concept – bien moins dissociatif que le business en haut, et le petit consommateur à qui l'on s'adresse comme à un enfant en bas –, il faut repenser le service et travailler sur la proximité du message publicitaire. Le meilleur exemple pour illustrer ce que pourrait être le service client idéal sur les médias sociaux est le commerce physique aux États-Unis. Dans un restaurant ou un café en France, le serveur ne sourit pas forcément et ne se présente pas pour entamer le service ; il est très rarement payé à la commission, mais reçoit un salaire. Dans les petites boutiques, le vendeur dit « bonjour », mais ne laisse pas le temps au client de regarder les produits. Malgré lui, il l'agresse verbalement, bien qu'étant courtois et souriant, car le passant sent tout de suite l'objectif : la vente qui se cache derrière ce rapport téléphoné. Aux États-Unis, le service est pensé différemment. Le vendeur ou serveur est payé aux *tips* (comme le *groom service* d'un hôtel), qui sont plus ou moins bons en fonction de la qualité de son accompagnement client. Ainsi, il se présente par son prénom, demande celui de son client, s'il va bien, s'il passe une bonne journée… Bien sûr, le rapport amical est faux, car il s'agit de vendre, mais on peut parler de véritable « accueil », et la dose d'humanité injectée dans la démarche commerciale suffit pour séduire et fidéliser le client qui ne se sent plus comme tel, mais comme un invité de cet expert présent exclusivement pour lui et pour l'aider. Et lorsque vous n'achetez pas dans une boutique et que vous partez, le vendeur américain vous dit quand même «*Take care*» quand en France, il n'y a souvent même pas d'«au revoir».

La floraison et le succès des Apple Store importent en France et partout en Europe ce concept de service à l'américaine et prouvent que les vendeurs européens sont capables de faire aussi bien qu'outre-Atlantique. Dans ces boutiques high-tech, le vendeur vient spontanément vers le client, cherche réellement à l'aider, et ce sans même avoir l'objectif des pourboires qui sont interdits. Steve Jobs a voulu que ses ambassadeurs restent eux-mêmes, c'est-à-dire qu'ils ne cachent pas leurs tatouages, vêtements, boucles d'oreilles, etc. Cela a mis le vendeur dans une position confortable qui le pousse à aider le client, et à ne pas seulement se sentir investi d'une mission commerciale.

La solution sur les médias sociaux est la même pour réussir: il s'agit d'éviter ce sentiment d'intrusion, voisin du sentiment d'arnaque. La séduction, le charme d'un produit devenant plus qu'un simple produit (un ticket vers des valeurs et un univers prisé), et l'accueil non pas d'un client, mais d'un nouvel ambassadeur sont des concepts à intégrer. Cela implique donc que la marque travaille dans ce sens en premier lieu sur ses produits et ses valeurs. Puisque les réseaux sociaux ont pris appui sur les artistes pour construire leurs plateformes et se basent sur des notions rappelant le rapport fan/star («j'aime», «fans»), l'entreprise émettrice qui décide d'être active sur ces médias est dans l'obligation de revoir son message pour continuer à toucher ses récepteurs.

La relation entre le consommateur et la marque ressemble désormais à la rencontre filmée en coulisses d'un musicien et de ses fans. Il s'agit donc de montrer un visage humain, humble car proche, mais de ne pas décevoir et de garder la bonne distance assurant l'admiration. Pour créer cette admiration, il faut habilement faire une démonstration de son expertise, comme chanter *a cappella*. Sourire, demander au fan quelle est sa chanson préférée et pourquoi, le prendre dans ses bras et lui donner rendez-vous une autre fois permettra d'en faire un fan à vie. Pour qu'un homme clique «j'aime» pour une entreprise, celle-ci doit arriver à susciter l'envie, à faire partie d'un style de vie. Elle doit véhiculer à travers ses images une façon de vivre liée à ses valeurs humaines.

LE MARKETING DE LA SÉDUCTION

Puisqu'il s'agit de réunir des fans, et plus seulement des prospects et des clients, la marque doit imiter l'artiste.

LE SAVOIR, UNE ARME MARKETING

Il existe trois types de pouvoir : physique, charismatique et le savoir. Si le premier et le second n'ont rien de juste, car ils sont liés aux qualités naturelles de chacun, le troisième est accessible à tous. Le bon travailleur est celui qui connaît son métier. Ce savoir est prisé par les consommateurs qui sont prêts à payer pour en bénéficier. C'est ainsi que les marques qui n'évoluent pas dans des secteurs destinés à faire rêver le consommateur peuvent occuper une place importante sur l'Internet des médias sociaux.

Les requêtes faites par les socionautes concernent souvent la recherche d'informations. L'entrepreneur qui souhaite exister et convaincre des fans a ainsi une perche à tendre en offrant des conseils professionnels sur ces espaces sociaux. Un plombier peut très bien créer une chaîne YouTube et proposer une série de tutoriels en vidéo pour apprendre les bases de la plomberie. Il va ainsi être référencé sur ce moteur de recherche en image. Un avocat pourrait de son côté créer un groupe LinkedIn sur son secteur d'activité et l'animer avec des articles prouvant son expertise, destinés à faire réagir de potentiels clients. Un docteur pourrait lancer une série de vidéos explicatives sur les différentes maladies racontées en cinq minutes chacune.

FINI LE B2C, PLACE AU PERSON2PERSON

L'avenir de la communication entre le consommateur et l'entreprise est le « Person2Person ». Les marques à succès du *social media* sont celles qui ont habillé leurs buildings d'un supplément d'âme avec une communication basée sur le service, l'émotion et la proximité dans le langage employé.

La notion de business que l'on entend dans B2C est caduque, car elle évoque le diable marketing et voue la relation de proximité recherchée dans un milieu de «j'aime» et « d'amis » à l'échec. Même si l'on sait pertinemment qu'une marque qui joue la carte de la gentillesse et de l'entraide est un mirage – car le but n'a pas changé : il s'agit toujours de vendre –, notre côté consommateur a envie d'être rassuré dans son acte d'achat. Les réseaux sociaux qui offrent un rapport horizontal avec les clients et prospects et une communication sans filtre (comme Line et WeChat) servent à donner cette illusion d'accompagnement et de proximité à toute heure. Savoir qu'un expert souriant est là pour aider et écouter ne peut que favoriser l'adhésion et les ventes. L'image du Steve Jobs habillé en jean, baskets et col roulé, parlant avec un langage familier, expert et passionné de son domaine a permis à Apple de devenir le leader du *computing* avec des prix pourtant beaucoup plus élevés que les autres. Il suffit d'observer et de comparer les boutiques Apple et Fnac pour comprendre ce qui fait mieux vendre des produits « chers » aux masses.

Le futur de l'entreprise est de se positionner en tant qu'être humain doté d'un caractère, de passions et d'objectifs. Défendre son secteur d'activité avec cœur, recruter des vendeurs arborant fièrement les couleurs de la marque, les présenter comme des experts et non de simples vendeurs : voilà quelques clés de la réussite dans la société de consommation.

LA PASSION COMME MAÎTRE-MOT

La passion est communicative, et elle doit normalement animer l'entrepreneur dans son discours public. Savoir parler de son métier avec enthousiasme ne peut qu'intéresser un auditoire. Cette parole inspirée doit absolument transparaître dans les médias sociaux. Le rapport artiste/fan, à l'origine du *social media* – son vocabulaire, son architecture basée sur le livre d'or (le mur), le nombre de fans et d'amour récoltés (les «j'aime»)… – se retrouve dans tous les secteurs. Le principe du sourire dans la photographie de profil n'est pas suffisant, il faut tout d'abord s'aimer pour donner envie d'être aimé, et avoir confiance en son travail.

Si l'expertise est le socle de la marque, son fond, la passion du langage en est sa forme. Utiliser un vocabulaire de l'émotion dans une campagne encouragera l'adhésion du public. Un entrepreneur en vin qui se présente comme un passionné plutôt que comme un *businessman* paraîtra plus à l'écoute des attentes du public et séduira donc plus facilement.

L'*INFOTAINMENT* ?

L'*entertainment* est une notion américaine née dans le monde du spectacle pour désigner des professionnels de la scène capables de tout faire pour tenir en haleine un public : chant, danse, comédie. Les publicités qui fonctionnent le mieux sur le média social n'ont plus rien à voir avec celles des médias de diffusion ; elles ne mettent plus du tout en avant le produit et ses avantages techniques, mais l'expérience humaine qu'il offre, déguisant le message publicitaire et faisant en sorte que l'achat devienne un acte réfléchi. Le produit fait ainsi partie du décor de la publicité, mais il n'est jamais au centre, pour éviter de sombrer dans l'incitation pure à la vente.

Ce nouveau type de publicité, qui prend la forme du documentaire ou de la caméra cachée, est basé sur le divertissement pour que le consommateur soit impacté par la marque dans son temps libre. Certaines marques, par exemple dans les secteurs de l'alimentation ou de la mode, peuvent se contenter de présenter un programme publicitaire de divertissement pur, en s'assurant que l'ambiance qui s'en dégage respecte les valeurs humaines qu'elles portent et véhiculent. Pour d'autres secteurs où l'expertise est un atout, il peut être intelligent de proposer du divertissement tout en présentant ses connaissances, on parle alors d'*infotainment*, car on donne une information sur le produit tout en offrant un programme de détente au nouveau consommateur connecté au *social media*.

Un exemple concret d'*infotainment* est de créer un tutoriel pour expliquer quelque chose, par exemple des travaux de bricolage, en employant un langage familier, en ajoutant une musique dynamique, en insérant de gros titres et en utilisant un mode accéléré inspiré de TikTok ou de Instagram Reels.

LA CRÉATIVITÉ

Le marketing est l'art de vendre. Or il y a deux constats à prendre en compte qui terrassent les techniques datant des médias de diffusion où le consommateur n'avait pas la parole. Premièrement, dans ce média interactif qu'est l'Internet communautaire, le récepteur réagit pour la première fois au message publicitaire. Pour l'amadouer, il doit donc devenir un partenaire, un ami, et non plus une carte de crédit ambulante, même si la finalité est toujours la même : vendre. Deuxièmement, la gratuité est devenue un acquis pour ce consommateur. Le streaming a par exemple changé la donne pour trois secteurs : le cinéma, la musique et la presse, et la consultation d'informations en tous genres. La décision d'achat reste toujours impulsive ou dictée par un idéal sociétal, mais la marque doit apprendre à donner, et passer de produit payant à service gratuit. Les musiciens offrent ainsi généralement une *mixtape* gratuite avant un album payant.

Le produit vendu doit devenir la clé de la porte du succès en société. Pour cela, il faut lui donner du sens. Et les réseaux sociaux sont un formidable lieu pour y diffuser ces valeurs. C'est pourquoi il faut s'en servir pour communiquer plus que pour vendre, même si la boutique doit y être présente (*via* la page Facebook, Pinterest et des URL habilement distillées sur les différents murs), et définir des indicateurs clés de performance ou KPI (*key performance indicators*) différents : chiffrer le nombre de commentaires (et dans un second niveau la qualité de ceux-ci : positifs/négatifs), de nouveaux fans/abonnés (acquisition de prospects), de citations des hashtags créés… et comparer tout cela aux concurrents.

Qualifier la valeur de vos produits aux yeux de ces « consomm'-acteurs » devient essentiel. En plus de la mesure de la popularité de la marque, il est important de mesurer la performance de la relation client en la numérisant (le SAV par Twitter par exemple comme celui de KLM). Le *crowdsourcing*, ou comment profiter du consomm'acteur, doit être acté, tels Starbucks et son wiki (site édité par ses visiteurs) appelé My Starbucks Idea, permettant aux socionautes de créer les boissons du futur, main dans la main avec la marque.

En tout cas, partir du principe qu'il faut booster les ventes à l'aide du *social media* est une évidence, mais déterminer des objectifs de vente n'est pas la bonne solution. Qui donnerait de l'argent tout de suite à un ami à peine rencontré ? Instaurer un climat de confiance favorise les ventes à terme, mais pour ce faire, il faut donner, et la marque a un pouvoir sur son consommateur (comme dirait le sociologue Michel Crozier, « l'expertise, le savoir sont le vrai pouvoir ») : celui d'offrir son expertise à travers des articles conseils (photographies, vidéos, interviews) avant de lui offrir une clé de succès en société. L'art de vendre passe donc par la séduction du consommateur. « Entrez chez nous, car nous offrons notre pouvoir qui va vous permettre de détenir le précieux savoir dans le domaine qui vous intéresse. »

Le CRM (*customer relationship management* en anglais), soit la gestion de la relation client (GRC), pensé pour l'acquisition et la qualification de prospects inconnus se baladant dans la boutique à la campagne (le site Internet), n'avait pas pour vocation de trouver du data humain, juste un email avec une résultante : une simplification du parcours d'achat sur le site poussant à favoriser la virtualisation du catalogue. Mais la newsletter finit aujourd'hui dans les spams, et le site boutique fonctionne pour l'acte d'achat et beaucoup moins pour la décision d'achat. Elle n'est plus adaptée aux habitudes nouvelles de ce web sociétal : la balade, comme dans un centre commercial, la quête d'informations, l'envie de séduction et d'expériences.

En devenant un nouvel abonné Facebook, Twitter, Instagram, etc., le prospect est identifié et entre dans la base, tout en étant potentiellement réactif et impacté par les messages publicitaires, qui plus est dans son univers favori où il est le plus attentif. Le blog (prise de parole directe de la marque avec les fonctions d'un réseau social : commentaire, like, repost), l'expertise gratuite et l'*entertainment* liés à la volonté de divertir le consommateur pour en faire un fan sont donc les maîtres-mots du nouveau marketing. Il y a donc là une cassure avec le marketing empirique enseigné depuis les années 1950 prenant le consommateur pour un spectateur muet et invisible.

Nous sommes donc entrés dans l'ère du marketing hypercréatif : pour jouer le jeu du fan, hérité d'univers ludiques, il faut favoriser la créativité.

PARTIE 3

LES 7 PHASES DE LA STRATÉGIE *SOCIAL MEDIA*

1 L'AUDIT ET LE *PERSONA* SOCIAL

Qui est votre entreprise sur les médias sociaux ? L'audit va permettre d'établir deux paramètres principaux :

- Est-elle aimée/appréciée ou non ?
- A-t-elle une communication dite fonctionnelle et/ou émotionnelle ?

Le but étant de situer votre entreprise sur ce #SocialMapping avec pour objectif de l'emmener en haut à droite, car c'est là que les fans sont générés.

Une communication fonctionnelle est centrée sur les fonctions des produits de votre entreprise : la technicité. Une communication émotionnelle est une communication basée sur les trois émotions principales que vit l'être humain : rire, être ému ou être choqué. La meilleure communication est celle qui arrive à doser ces deux types de communication, car il ne s'agit pas d'en oublier une des deux. L'une génère des clients, l'autre des fans. Elles sont donc complémentaires, même en B2B où le supplément d'âme incarné par l'émotion aide à se distinguer des concurrents.

Pour cet audit, il faut aussi lister ces points :

- Taux d'engagement : le ratio entre le nombre de personnes qui voient vos posts (la couverture ou portée) et ceux qui interagissent. Un bon taux d'engagement est supérieur à 3 %, 1 % étant la moyenne que l'on retrouve.
- Verbatim : le type de commentaires reçus (positifs, négatifs ?). Ils permettent de faire la lumière sur ce qui va et ce qui ne va pas en termes de communication.
- Nombre de fans. Le comparer à ceux des concurrents sert à situer et à fixer un objectif quantitatif de communauté.

- Influenceurs du domaine par réseau social : les personnes qui ont un taux d'engagement supérieur à 10 %, synonyme d'une communauté vivante et qualifiée.

Le *social mapping*

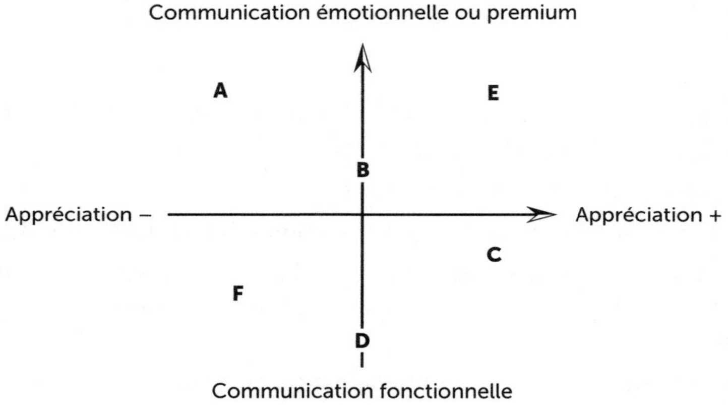

– A est un supermarché qui a subi un *bad buzz* après avoir mal accueilli un client malvoyant.
– B est une marque de fast-food qui communique désormais par l'humour, après des années à avoir mis en avant la qualité de ses produits ; B peine à convaincre les consommateurs.
– C est une marque de produits automobiles qui propose une qualité reconnue dans son secteur.
– D est une marque de matériel informatique qui ne communique que sur la technicité de ses produits et aucunement sur une quelconque philosophie.
– E est une marque de boisson sucrée qui communique sur la philosophie, le rêve, plus que sur la qualité de ses produits.
– F est une chaîne de restaurants d'entrée de gamme qui ne communique que sur ses produits.

On note que la qualité des produits a moins d'impact sur le nombre de fans (donc sur l'amour de la marque) que la communication centrée sur une philosophie de vie.

Établir le profil des consommateurs connectés de votre entreprise est une habitude du marketing à reprendre, mais d'une façon plus avancée. Les stéréotypes mis en scène dans la publicité télévisée : la ménagère de 50 ans, les adolescents, le père de famille cadre supérieur… sont toujours là en 2020, car les êtres humains continuent de se réunir par centres d'intérêt, mais la marque qui cherche à les toucher a la possibilité d'accéder à bien plus de data les concernant, grâce notamment à Facebook.

Ainsi, les pages aimées (musiques, sports, émissions de télévision, marques en tout genre), l'historique de navigation Internet, le métier, la situation amoureuse, le nombre d'enfants, le lieu de résidence sont des informations connues par le média de Mark Zuckerberg. Il est donc important que ces *personas* les prennent en compte. Pour trouver ces informations, ainsi que les hashtags qui sont les mots clés qu'utilisent en priorité votre cible sur les médias sociaux dans tel ou tel secteur, allez sur Google Trends pour YouTube, sur Hashtagify.me pour Twitter, Tagé (sur iOS ou Best-Hashtags sur ordinateur) pour Instagram.

Le ciblage n'a jamais été aussi précis dans le marketing qu'avec Facebook et les autres médias. L'annonceur doit donc faire des études dans ce sens : qui sont les groupes de musique favoris de ma cible ? Quelles célébrités aime-t-elle ? Quelles émissions de télévision suit-elle ? Cela va d'ailleurs aider à la composition des posts pour mieux choisir les influenceurs, les musiques et la tonalité globale des messages.

À SAVOIR

Faire un peu de **neuromarketing** peut être intéressant. Il faut savoir activer le circuit de la récompense chez le prospect et ainsi stimuler le récepteur à dopamine qui se loge dans son cerveau. Il y a pour cela plusieurs méthodes:

- Fixer des prix très élevés, pour transformer des produits en objets de valeur ; ils seront ainsi des signes de réussite sociale pour ceux qui les possèdent (exemple : Apple).

- Fixer des prix moins chers pour des produits similaires, afin de donner aux consommateurs le sentiment de faire des économies et d'inciter ainsi à la multiplication des ventes (exemple : Asos).
- Miser sur la rareté, qui influence les décisions prises dans l'urgence et selon les émotions (exemple : Super73).
- Proposer une stimulation permanente avec des posts réguliers et des produits souvent renouvelés (exemple : Zara).
- Mettre en place un marketing subtil *via* des personnes lambda qui ont pignon sur rue et à qui l'on veut ressembler : les influenceurs. L'aspect abstrait des marques devient alors réel.
- Donner le sentiment de faire partie d'un groupe, d'un club. N'oubliez pas que les consommateurs sont seuls derrière leurs écrans (exemple : #NikeRunning).

2 LA CRÉATION DU SLOGAN ET DU HASHTAG : LE SHC (SLOGAN-HASHTAG-CONCOURS)

Qu'est-ce qu'un bon slogan ? Deux exemples bien connus sont à suivre. Le premier concerne le secteur de l'informatique. En 1997, à une époque où l'ordinateur était considéré comme une simple machine, Steve Jobs et Apple ont réussi à donner un supplément d'âme décisif qui permet près de vingt ans après de marketer la pomme sur fond blanc sans aucune présence officielle sur Twitter ou Facebook. Pour arriver à cet exploit, il a suffi d'un slogan basé non pas sur les fonctions du produit comme le font encore leurs concurrents, mais sur le caractère humain de celle-ci. Ainsi le « *Think Different* » fut la première publicité sur des ordinateurs ne mettant pas en avant le produit ni ses capacités techniques, mais l'esprit et les valeurs humaines derrière l'acte d'achat. Des « génies » (Miles Davis, Einstein, Gandhi, etc.) furent exposés dans la presse papier, en noir et blanc avec la phrase « *Think Different* » et le logo Apple. À aucun moment, on ne donne un rendez-vous pour acheter l'ordinateur ni même le prix, tout est dans la perception du message. En donnant des valeurs humaines au produit, on dit au consommateur : « Si vous m'achetez, c'est que vous adhérez à mon caractère. » Et c'est ainsi qu'Apple vend trois fois plus cher ses produits que ses concurrents, et que tout le monde est heureux de les posséder. Tant que leurs concurrents ne feront pas ce même effort de communication, ils ne seront pas détrônés, même si leurs produits sont moins techniques que les autres.

Le bon slogan est donc basé sur la personnalité de la marque, les êtres humains qui l'ont fondée, et l'objectif social qu'il intègre. Il faut oublier le produit lui-même, car la concurrence technique est rude, et rarement un produit est vraiment novateur. Mais s'il offre un supplément d'âme, s'il transporte les consommateurs vers des notions positives : le groupe, le succès, la différence, il gagnera la partie face aux concurrents.

Ensuite, il suffit d'ajouter un # devant ce slogan pour en faire un hashtag. Il convient donc de vérifier en amont si votre slogan (qui peut être une expression du quotidien, une citation ou des paroles d'une chanson) n'est pas employé par une autre marque. Il ne faut pas oublier de s'assurer que ce hashtag n'est pas déjà trop utilisé. Par exemple, si le hashtag est déjà utilisé par plus de 1 000 personnes (une recherche sur Instagram vous donnera ce chiffre), il sera trop compliqué de savoir qui participe vraiment à cette nouvelle forme de communication de votre marque.

Le meilleur hashtag n'inclut pas le nom de la marque, le marketing doit en être exempt. Il faut le lier à un concours participatif (concours photo, vidéo) qui va permettre à votre cible de s'exprimer aux couleurs de votre entreprise. Une fois le bon hashtag défini, il faudra impérativement le protéger à l'INPI. Cet organisme vous garantit la protection de ce slogan du XXIe siècle. Retenez que ce hashtag est le trait d'union entre une génération de consommateurs stars qui s'exhibent sur les réseaux sociaux et une marque en quête de nouveaux consommateurs qui devient leur estrade en leur offrant un public nombreux.

Un dernier conseil : utilisez pour ce hashtag la première personne du singulier, ou l'infinitif pour favoriser son utilisation, car la deuxième personne du pluriel, habituelle des slogans publicitaires du XXe siècle, empêche l'appropriation de ce message et sonne trop publicitaire et injonctive. Par exemple, ne dites plus #evadezvous, mais plutôt #jemevade. Et n'oubliez pas donc de lier ce hashtag à un concours afin de faire participer votre cible.

Notez que vous n'avez pas le droit d'inciter à suivre une page pour participer, mais pour connaître le résultat du concours, oui ! Aussi, ce SHC permet d'ajouter du relief à cette marque de jouet, d'injecter de l'émotionnel propices à l'action d'aimer et de devenir fan. Le lot est en cohérence avec la marque et la rédaction du post est un modèle.

FICHE

LES 10 CONSEILS POUR TROUVER LE BON SLOGAN-HASHTAG

FICHE

LA MÉTHODE SHC EN 10 POINTS

1. Au XXIe siècle, le slogan d'une entreprise est le hashtag.
2. Ce slogan est participatif, car nous évoluons dans un média horizontal où la marque n'est plus la seule porteuse du message publicitaire. Depuis les forums, puis Twitter, les consommateurs ont une voix qui vaut de l'or.
3. Il s'agit de faire réagir ces consomm'acteurs et de les faire produire du contenu afin de remplir le rôle d'une publicité : rendre public un message.
4. Pour y arriver, il faut concevoir le bon slogan-hashtag qui va créer une émotion (faire rire, émouvoir, choquer ?).
5. Démarrez par la question suivante : quelle est la symbolique sociologique de mon produit ?
6. Ce hashtag va donc porter une philosophie et non un message purement marketing.
7. Les consommateurs devenus socionautes ne supportent pas la publicité, mais ils adorent donner du sens social à leurs achats. Quel est le sens de votre produit ?
8. Proposez une action simple à produire à vos prospects sur un des réseaux où les hashtags fonctionnent : Twitter ou Instagram.
9. Offrez un lot aux meilleures publications.
10. N'oubliez pas de créer une page web au nom du hashtag, rattachée à votre site Internet afin d'augmenter les visites et les ventes.

Les meilleurs SHC

Exemple fictif de concours organisé par un supermarché

Si vous êtes en B2B, vous pouvez récompenser vos prospects avec une offre gratuite, comme l'accès à une conférence. Et si l'aspect humain et émotionnel de cette méthode vous semble impensable dans votre entreprise, vous pouvez oublier l'émotion et aller directement vers le recrutement de prospects comme je l'ai fait avec #QuestionImmo de Logic-Immo : un hashtag visant à positionner cette entreprise comme leader de l'immobilier.

VISER LES TENDANCES TWITTER

L'apothéose de cette méthode de recrutement de prospects par l'émotion est de faire entrer le hashtag choisi dans les « tendances » Twitter : les sujets les plus discutés dans le monde entier. C'est là que les relais presse se feront puisque les journalistes y siègent en attente de grains à moudre (que sont les hashtags).

Pour y arriver, il est conseillé d'organiser un événement physique qui porte le nom du hashtag choisi. Par exemple, je choisis #PourMaFamille pour Carrefour, car mon brainstorming en équipe a défini qu'un hypermarché est un lieu de la bienveillance de la famille, qu'elle soit formée d'une personne et d'un chat, ou de parents et d'enfants. Je décide d'offrir une journée en famille dans un lieu choisi par le gagnant. Je demande aux prospects de donner leur définition de la famille ou de la bienveillance. Et j'imprime ces phrases sur les murs de Carrefour et les caddies… Alors, je peux organiser un événement autour de la famille pour aider une association.

Il est possible d'acheter sa place sur les tendances Twitter (en les appelant) et de demander aux personnes présentes d'utiliser en masse le hashtag, afin que l'algorithme en soit inondé. Ainsi, il remonte. En B2B, cela peut être un colloque comme #Dans20Ans pour Genopole qui a organisé une réunion de la biotech et y a promu ce hashtag, ou encore #LesProduitsLocaux pour la Fédération des marchés de gros lors d'un événement au Sénat.

3 LA PUBLICITÉ VIDÉO *SOCIAL MEDIA*

La publicité télévisée du type «Le Chat Machine» en 1989 mettant en scène des acteurs, avec le produit en premier plan et un vocabulaire purement marketing, est à bannir. Le socionaute est un consommateur qui ne veut pas sentir l'approche commerciale. Si la publicité à la télévision s'inscrit dans un média qui ne donne pas la parole au consommateur, sur les médias sociaux, le but est au contraire que le socionaute commente et partage. La publicité télévisuelle reprend les codes de la série télévisée avec des *personas* (les acteurs), mais dans la publicité *social media*, ces *personas* doivent ressembler à des gens du quotidien pour que le message publicitaire fonctionne. L'objectif est toujours que le consommateur s'identifie. À la télévision, il s'identifie à des acteurs auxquels il voudrait ressembler ; sur les médias sociaux, c'est en voyant une personne comme lui qui vit une expérience qu'il est impacté.

La publicité idéale sur les médias sociaux ressemble à celle d'«Uncle Drew» de Pepsi, où dans un lieu réel avec des personnes lambda, un talent va s'exprimer, et l'on va filmer la réaction de ces gens, car c'est ainsi que le socionaute va s'identifier à la scène et au message. Si quelque chose de drôle comme Nivea et son «stress test», étonnant, incroyable, arrive sur un lieu du quotidien, le socionaute va vouloir le partager sur ses espaces sociaux, et c'est le but principal de la marque. Elle doit réussir à proposer soit de l'information liée à son expertise, mais de façon ludique, soit une offre de pur divertissement taillée pour la consommation naturelle des socionautes : des contenus légers, tristes, mais renvoyant à une émotion. Comment la marque peut-elle leur donner encore des raisons d'acheter ? Il n'y a rien de logique à changer de smartphone tous les ans, à acheter une robe 300 euros de plus qu'une autre du même aspect.

C'est dans la frontière entre le raisonnable et l'instinct que se situe le bon publicitaire. Il doit parvenir à l'aide d'images (et surtout de vidéos sur les médias sociaux, car c'est le contenu le plus interactif et le plus réel) à brouiller le système du socionaute afin qu'il fasse appel à son instinct, et non plus à sa raison. Pour cela, créer une émotion est l'unique solution. Une fois le système brouillé par l'émotion, la dopamine va se libérer dans le corps et donner un sentiment de satisfaction que recherchera l'être humain en achetant le produit. Il pensera ensuite automatiquement que cette marque, ce produit sont indispensables à ce sentiment de bien-être. Dans une société qui a bien plus que ce dont elle a besoin, il ne reste que l'émotion pour continuer à vendre, une tendance qui ne fléchit pas, d'ailleurs, malgré un nombre de produits toujours plus importants. Les besoins ne sont plus vitaux, ils sont impulsifs et s'inscrivent dans une logique d'obtention du statut social. Consommer est la clé de l'individu contemporain en société.

En pratique, prenez votre SHC et imaginez un spot vidéo qui ne ressemble pas à une fiction, contrairement à la pub TV. Il s'agit de désapprendre les codes publicitaires hérités des médias verticaux et faisant figure de « spam » pour les consommateurs contemporains, qui disposent des posts (dont ceux des marques) pour exprimer leurs humeurs, leurs sentiments et opinions.

N'y racontez donc pas votre jeu-concours mais optez pour un des deux choix suivants : faites une déclinaison sémantique comme Dacia qui reprend #10AnsSeulement (concours qui demandait aux prospects de partager une photo d'un objet symbole de leur enfance), mais avec un *prank* (une farce) mettant en scène des enfants qui conduisent une voiture (un peu trop irréaliste dans ce cas, mais soit) ou filmez les gagnants de votre SHC comme Expedia et #ThrowMeBack au format reportage donc.

Publicité télévisuelle / publicité sur les réseaux

	Spot TV	Pub *social media*
Le cadre	Dans l'univers du produit	Univers de marque ou des valeurs humaines
Les personnages	Des acteurs stéréotypés	De vraies personnes
Le langage	Courant, texte récité qui répète le nom du produit	Familier, pas de scénarisation du texte
Le produit	Au premier plan, les plus produits (technique et social) mis en avant	En arrière-plan, car consommer est un geste naturel
Le format	30 secondes	10 secondes à 5 minutes
La caméra	Face caméra	Caméra embarquée pour plus de réalisme

Le bon format pour diffuser une vidéo sur un réseau (autre que YouTube) est le suivant :

- une accroche en haut avec quelques mots donnant envie de la regarder ;
- les sous-titres en bas car les socionautes sont tout le temps entre trois posts et n'enclenchent que rarement le son, contrairement à YouTube où nous avons leur pleine concentration ;
- 10 à 30 secondes pour capter l'attention, car l'univers du scrolling est compulsif, sauf sur YouTube où la durée peut être bien plus importante si l'on est dans le *prank* (exemple : Orange et Greg Guillotin pour des vidéos B2B) ou le reportage (« #WishesDelivered » d'UPS).

Un bon exemple de vidéo efficace

À SAVOIR

La **caméra cachée** ou le **documentaire** sont les deux formats à prioriser dans le **social media**. Carlsberg « Friends Test », Nivea « Stress Test », Pepsi « Uncle Drew », Dacia « #10AnsSeulement », UPS « #WishesDelivered », McDonald's « Our food, your questions » sont des modèles du genre.

4 LE DÉPLOIEMENT SUR LES MÉDIAS SOCIAUX

QUELS MÉDIAS CHOISIR ?

La campagne de lancement d'un produit, d'un événement ou de sensibilisation à un produit doit être déployée sur les médias sociaux, nouvelles plateformes de rencontre entre le consommateur et la marque. Pour cela, il faut définir quels médias pénétrer et les regarder comme des chaînes de télévision.

Si mon produit s'adresse à une cible de 18-25 ans, nous allons choisir NRJ12 plutôt qu'Arte. Et pour attirer cette cible, nous allons leur parler dans le langage de leurs contenus favoris sur cette chaîne : la téléréalité, les jeunes modèles, des paysages ensoleillés, un vocabulaire simple et familier.

Facebook a pour utilisateurs actifs essentiellement les plus de 40 ans, Instagram les 15-25 ans depuis un smartphone, Pinterest les femmes de 25-40 ans de catégorie sociale professionnelle aisée, Snapchat et TikTok les adolescents de 13 à 20 ans sur smartphone et Twitter et LinkedIn les 20-55 ans dans le secteur du tertiaire (étudiants et salariés en journalisme, marketing, politique, communication, high-tech).

FICHE

ET SI LES RÉSEAUX SOCIAUX ÉTAIENT DES CHAÎNES DE TÉLÉVISION ?

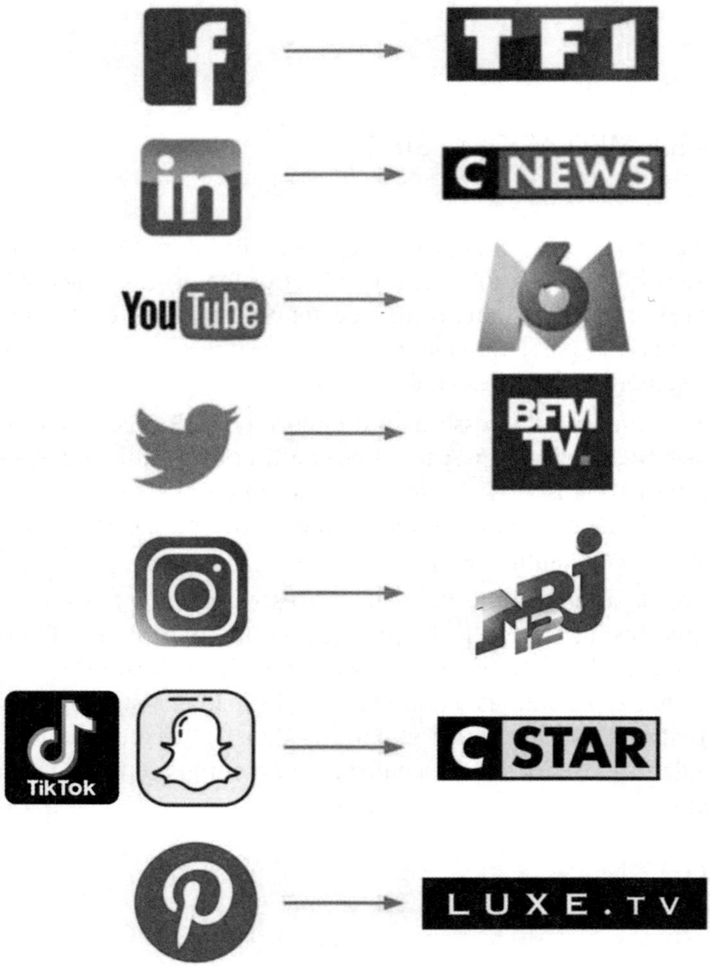

FACEBOOK

Audience : + de 38 millions

Moyenne d'âge : 13 à 85 ans

Émissions favorites : humour, sport, actualité

LINKEDIN

Audience : + de 20 millions

Moyenne d'âge : 35 ans

Émissions favorites : débats, articles longs, infographies

YOUTUBE

Audience : + de 30 millions

Moyenne d'âge : 30 ans

Émissions favorites : musique, tutoriels, humour, reportage

TIKTOK

Audience : + de 15 millions

Moyenne d'âge : 16 ans

Émissions favorites : musique/danse, tutoriels, humour

TWITTER

Audience : + de 14,5 millions

Moyenne d'âge : 35 ans

Émissions favorites : sport, *breaking news*, politique

INSTAGRAM

Audience : + de 23 millions

Moyenne d'âge : 30 ans

Émissions favorites : mode, fitness, téléréalité, voyages, chats et chiens

SNAPCHAT

Audience : + de 20 millions

Moyenne d'âge : 25 ans

Émissions favorites : *people*, musique, téléréalité, jeux

PINTEREST

Audience : + de 12 millions

Moyenne d'âge : 35 ans (majorité féminine)

Émissions favorites : mode, architecture d'intérieur, DIY

Données valables pour la France, en 2021.

Les contenus favoris sur Facebook sont la famille, le divertissement et le sport. Sur Twitter, le sport, la politique et le high-tech. TikTok offre des contenus hyper créatifs en *timelapse* ou du pur divertissement à caractère comique où les utilisateurs se mettent en scène. Sur Instagram, le *foodporn*, la diététique et le voyage. Sur Pinterest, la mode, la cuisine, les citations philosophiques et les tutoriels en tous genres (« *do it yourself* »), la qualité d'image est élevée provenant de Photoshop ou d'appareils photographiques professionnels. Sur Tumblr, les contenus préférés sont les belles images et les gif dans la mode et le divertissement (*people*, films, musique). Sur Snapchat et l'ensemble des réseaux Person2Person (Line, WeChat, WhatsApp), l'échange de fichiers privés (photographies personnelles) prime.

Il faut distinguer Instagram et TikTok des autres réseaux sociaux, car ils favorisent la création de contenus par les utilisateurs, tandis que les autres diffusent davantage des contenus de marques, le consommateur y est plus spectateur qu'acteur. La marque qui s'aventure sur Instagram et sur TikTok va donc devoir donner envie aux utilisateurs de créer du contenu pour lui faire de la publicité, on parle de UGC (*User generated content*). Un concours avec un lot à gagner est souvent la meilleure façon d'y parvenir. Le principe du concours photographique sur Instagram ne doit pas forcément mettre en exergue le produit de la marque, sinon celle-ci risque de ne s'adresser qu'à ses fans déjà acquis. Mieux vaut donner l'opportunité aux utilisateurs de s'inspirer d'un sujet plus large, comme Air France et son #Franceisintheair, une photographie d'un paysage de France, qui attire bien plus de publications que de prendre une photographie d'un avion Air France. Delarom, une marque de crème pour femmes, avait lancé un concours photographique du type « prenez une photographie de notre produit, et la plus belle gagnera le lot » pour recruter de nouveaux prospects, mais seuls quelques consommateurs de la marque ont participé. Le concours que j'ai ensuite mis en place disait « Capturez votre vision de la liberté » et la marque a eu beaucoup plus de joueurs, essentiellement des prospects séduits par le concept ludique et l'espoir d'être vu par le plus grand nombre en plus de gagner un cadeau.

LA CURATION DE CONTENU

Faire de la veille est obligatoire pour réagir le plus rapidement possible dans un média de l'instantanéité et se positionner en tant que leader d'un secteur d'activité. Être au courant avant tout le monde des dernières *news* et se présenter, telle l'AFP, va permettre à la marque de se faire repérer comme figure marquante de son domaine. C'est pourquoi tout le service *social media* doit être hyperconnecté à l'aide d'outils numériques de veille.

- **Les listes Twitter** pour s'abonner aux acteurs influents de son domaine d'actualité.
- **Le logiciel Hootsuite** pour réunir sur un même tableau l'actualité de Feedly, les listes Twitter et faire des recherches par mots clés sur Twitter. Exemple : je travaille pour Coca-Cola et je veux savoir en temps réel ce qui est dit sur ma marque sur Twitter, je vais pouvoir le faire ici et ainsi réagir en direct avec les personnes qui citent ma marque, mais aussi prendre la température sur mon produit et mon image de marque.

LA MÉTHODE DES SIX RUBRIQUES

Le *social media manager* est le rédacteur en chef du média social. En observant ces réseaux sociaux devenus des médias, j'ai réalisé que le métier d'animation de la marque sur ces espaces ressemblait comme deux gouttes d'eau à mon métier précédent de créateur-rédacteur en chef d'un magazine papier. Cette évidence m'est apparue lorsque les marques ont compris que créer une page Facebook et un compte Twitter était simple comme bonjour, mais qu'elles ne savaient pas ce qu'elles allaient y raconter. Bien que leurs cibles soient connues, qu'elles sachent par exemple qu'être présentes sur Snapchat va leur permettre de toucher des prospects (les 13-18 ans connectés), comment être pertinent, les recruter, puis les fidéliser pour qu'ils prennent l'habitude de revenir les voir en ligne sur leur média favori ? C'est pour ces raisons qu'il est important de créer une ligne éditoriale en accord avec la communication de la marque et les us et coutumes de ce média. Aussi, il va falloir être créatif pour s'illustrer.

Je me suis confronté au même problème lors de la création de magazines papier. Une fois la cible connue et étudiée (travail effectué avant le lancement du produit), il faut passer par le volet communication avant de se déployer sur les médias sociaux, c'est-à-dire trouver un slogan qui va humaniser la marque dans le but de s'évader du produit qui bien souvent n'a rien d'extraordinaire, car ses fonctions existent déjà chez des concurrents. Le but de la manœuvre est ici de hisser notre produit vers l'objet de valorisation de l'être humain en société. Un travail qu'a excellemment effectué Steve Jobs en lançant la campagne « *Think Different* » pour son iMac, comme nous l'avons vu.

Une fois le slogan, la tonalité du propos et les limites définis (va-t-on parler de #JeSuisCharlie ? de politique ? et comment ?), il faut donc choisir les médias à pénétrer en fonction de la démographie de chacun et y déployer sa ligne éditoriale. Lorsque le magazine papier a trouvé sa *baseline* et son langage, nous allons créer des rubriques pour que le prospect ait envie de nous acheter avec ces différentes entrées. Les rubriques ont ainsi chacune leur couleur textuelle et graphique. Textuellement, cela sert à toucher les différents goûts de la cible, et graphiquement, le but est de donner des marqueurs au lecteur dont on perdrait l'attention si le magazine ressemblait au bottin. Si l'on aime acheter le prochain numéro d'un magazine, c'est que ce travail est bien fait. Un contenu varié, un concept global et un graphisme de qualité assurent ainsi des abonnements.

Pour les quatre médias suivants, nous allons donc réaliser le même travail de rubriquage en tant que *content manager* : Facebook (car c'est le média numéro un), Twitter (car c'est un moteur de recherche de plus en plus influent), Google + (car ce qui y est publié est bien référencé sur le moteur de recherche numéro un du web Google) et le blog (car c'est la prise de parole de la marque). De la même façon qu'un magazine papier masculin a toujours les mêmes rubriques (sports, cinéma, mode, musique, mots croisés et culture), j'ai créé une série de six rubriques que j'arrive à appliquer à tous les univers de marque.

1. **Le produit**

   Parler de son produit et promouvoir la boutique en ligne est important, mais sur le média social il faut éviter le discours publicitaire : « achetez, réservez, prix, boutique... ». Le but est alors d'être créatif tout en présentant des liens d'achat. Par exemple, en vue d'un tournoi de golf appelé le Grand Trophée, pour promouvoir le lien d'inscription, nous allons créer un post du type : « Notre tournoi a lieu dans plus de 400 golfs à travers la France. Connaissez-vous ces parcours ? » avec une illustration présentant la carte de la France sur un fond en gazon avec des plots pour les lieux où se trouvent ces golfs.

2. **L'expertise**

   Le savoir est le seul pouvoir de la marque sur le socionaute. Comme Speedo qui publie des tutoriels vidéo pour apprendre à nager, la marque doit montrer son savoir en ligne et donner des conseils pour être bien référencée. La vidéo, des articles longs (mais toujours avec une accroche courte de 140 caractères pour entrer sur Twitter et faire réagir un socionaute multitâche qui ne s'attarde que très brièvement sur une publication) et les tutoriels photographiés sont à privilégier. Le but est alors de créer des séries en ligne, comme « les mots clés du *social media marketing* » avec un entrepreneur dans ce domaine qui expliquerait dans des vidéos de 3 minutes un terme du marketing chaque semaine sur un même fond blanc avec le même *branding* graphique (police, musique, teinte).

3. **L'histoire**

   Dans une logique de *personal branding* (personnification de l'entreprise), il est important pour la marque de montrer qu'elle vit avec son temps, qu'elle accompagne le quotidien des consommateurs. Créer des publications liées à l'histoire du produit (l'iMac par exemple : « En 1997 naissait l'iMac. Savez-vous d'où vient ce nom ? »), de la marque (« Apple naît dans les années 1970, qui fut le premier investisseur de la marque ? ») ou de l'univers de marque (le high-tech au sens large : « L'ordinateur est-il né en : a-1952, b-1970, c-1980 ? ») ne peut que séduire et informer les socionautes. Nous accompagnerons ces posts de photographies en noir et blanc par exemple, avec toujours le logo de la marque pour éviter qu'elles ne se perdent dans la jungle Internet.

4. **Les jeux**

   Les mots croisés et bandes dessinées qui existent sur des magazines en tout genre, parfois même politiques ou dans des sujets qualifiés de « sérieux », ont été créés pour que le lecteur garde le plus longtemps possible en main le magazine. Ainsi, ce média devenait un outil de détente que l'on emportait dans les transports, en vacances, etc. La stratégie est identique sur les médias sociaux pour garder le plus longtemps possible le socionaute sur les espaces de la marque en ligne. Dans ce sens, publier des jeux, des quizz, être dans l'humour servira à divertir le socionaute, car n'oublions pas qu'il se connecte plus favorablement sur son temps libre.

5. **Le SHC**

   Le slogan de la marque basé sur des valeurs humaines et non sur les aspects techniques du produit sert à attirer les « j'aime ». Dans ce média, le but premier n'est pas de vendre, mais de faire adhérer à un style de vie. Raconter une histoire passe par une scénarisation émotionnelle de la marque dont le slogan donne la trame. Ce slogan vu en étape 2 (dans la veine du *Just Do It* de Nike) va servir à publier des citations, des paysages, des moments de vie qui vont émouvoir, inspirer ou faire rêver le socionaute.

6. **Le *newsjacking***

   Une marque qui ne souhaite pas la bonne année, la Saint-Valentin et tous ces moments qui concernent la communauté mondiale des socionautes perdra en humanisation et en référencement. Ces jours et événements sportifs liés à des hashtags vont permettre à la marque d'entrer dans les espaces des socionautes si les publications sont créatives, s'il y a des réductions ou des jeux. Aussi, l'achat de hashtag pour la journée comme un match de foot sur Twitter va offrir une grande visibilité à l'entreprise.

Exemples de visuels réalisés selon la méthode des six rubriques

1. Le produit

2. L'expertise

3. L'histoire

4. Les jeux

5. Le SHC

6. Le *newsjacking*

Pour bien faire ce travail de publications, il faudra également bien les distinguer graphiquement, comme dans un magazine papier (la rubrique *News* ne ressemble pas visuellement à la rubrique Jeux par exemple). Cela va donner des marqueurs au socionaute pour éviter de perdre le message que diffuse l'entreprise.

Les actualités chaudes, qui ne sont, par définition, ni prévisibles ni régulières, peuvent être rangées dans un hashtag #Mamarquenews.

La news

UN PLANNING DE PUBLICATION

Le planning mensuel du *community manager* va donc se présenter sous forme d'un tableau avec ces entrées: date/rubrique/texte/visuel/réseau.

Il est important de fixer des jours réguliers de publication (exemple: Histoire les mercredis) avec un nom de rubrique visible pour le socionaute afin qu'il se dise: «C'est mercredi, je vais aller voir la page Facebook d'Apple, car je sais qu'il y a la belle publication en noir et blanc sous forme de quizz qui me plaît.» Généralement, deux à trois publications par semaine suffisent, mais il faudra les sponsoriser pour les mettre en avant tout le long de la semaine, car les médias sociaux sont un terrain hyper concurrentiel.

Ces publications peuvent être dupliquées sur Facebook, Twitter, même sur un blog (Tumblr par exemple) à l'aide d'outils tels que Hootsuite ou Buffer. Le «réseau» fait référence aux médias utilisés, par exemple YouTube pour la rubrique Expertise si vous décidez de créer une playlist sur ce média et d'en faire la promotion sur ces quatre espaces qui sont les avenues principales du web actuel.

Il s'agit de placer les rubriques comme des programmes de télévision: aux mêmes heures et jours pour fidéliser le socionaute. Des vidéos, des graphismes de qualité, des publications courtes sous forme de questions sont le meilleur moyen d'attirer le consommateur hyperconnecté.

Exemple de planification

Date	Samedi 20 janvier à 18 heures
Rubrique	Jeux
Format	Photographie
Texte	#Concours Jusqu'où iriez-vous pour partir à #Cancun ? Publiez votre vidéo la plus loufoque sur TikTok ou Reels Instagram avec #ClubMedCancun et la meilleure remportera un séjour pour quatre pendant le #Springbreak !
Visuel	Quatre jeunes gens (deux garçons et deux filles) en maillot de bain avec des bouées de piscine sur le Champ-de-Mars sous la pluie, en train de sauter en l'air en souriant. On aperçoit sur les coins de la photographie le regard de gens surpris. Les logos Instagram, TikTok et Club Med apparaissent en bas à droite de l'image, et le texte « Prêts pour Springbreak ? #ClubMedCancun » apparaît en haut à droite en police blanche Lobster 50.

À VOUS DE JOUER

- Allez voir les comptes Facebook de Buki France, Lynx Optique YouDo, Genopole et Star Service sur LinkedIn qui appliquent cette méthode. Puisez dans ces 6 thématiques pour construire votre magazine « social » sur chaque réseau.
- Engagez-vous sur des rubriques hebdomadaires que vous pouvez tenir sur le long terme.
- Donnez un nom à chaque rubrique (sauf à *newsjacking*) qui forcément s'adapte au hashtag sur lequel vous allez surfer (exemple : #StValentin ou #JournéeDeLamitié).

- Créez une charte graphique différente par rubrique, mais englobez le tout sur une même ligne graphique (par exemple la même police pour toutes les rubriques).
- Adaptez les formats en fonction de chaque réseau (exemple : une rubrique liée à la fonctionnalité « thread » sur Twitter, une liée à la fonction « sondage » sur LinkedIn, une en *live*, une en un album de quatre photos sur Twitter, etc.).
- Pensez à créer des rubriques dans les Stories qui sont souvent plus visibles que les murs.
- Sur TikTok et Snapchat, qui sont des réseaux où la présence d'une entreprise est souvent mal vécue, lancez des challenges avec votre SHC. C'est ainsi votre cible qui va construire du contenu pour vous plutôt que de créer des rubriques.

LE *SOCIAL MEDIA OPTIMIZATION* (SMO)

Le *Social media optimization* fait écho au SEO de Google et du site Internet, mais pour le web communautaire. Le SEO désigne toutes les techniques de référencement possibles pour que le site Internet remonte dans les résultats de recherche des moteurs tels que Google. Sur les médias sociaux, on parle de SMO, car en plus de respecter les hashtags pour arriver à ce résultat, il est indispensable de surfer sur les discussions qui animent les socionautes et qui tournent autour de l'emploi de mots clés (hashtags). Nous les retrouvons, pour les plus populaires, dans les «*trending topics*» de Twitter et Facebook. Faire appel à de l'*endorsement* (demander à Jérôme Jarre, star de Vine, de produire une publication mettant en scène votre marque coûte 30000 euros), à des commentaires sur des lieux très visités comme Pulse de LinkedIn sont des actions favorables au SMO.

RESPECTER L'ALGORITHME

Comment émerger, dans un monde qui s'est complètement numérisé, parmi des milliers d'entreprises sur Twitter, Instagram, etc. ? Il y a deux solutions. La première est d'acheter sa place en haut des *timelines* (les murs des consommateurs), et pour cela rendez-vous au point 6 de la méthode, sur les *social ads*.

La seconde est de respecter les algorithmes, et Facebook fut le premier à exposer publiquement les règles du sien avec le « EdgeRank », nom initial de l'algorithme. Si le travail du web 1.0 a été d'étudier l'algorithme de Google et de suivre son évolution pour orienter le contenu et l'architecture du site Internet dans le but d'être mieux référencé, le web 2.0 répond toujours à ce besoin de visibilité gratuite que donne le référencement dit naturel, mais avec d'autres lois.

Sur Facebook, pour être mieux placé sur le mur d'actualité des fans (et non des prospects, car là il faudra absolument recourir à la publicité de ce média) et réussir à placer une publication le plus longtemps possible en haut de ce « *news feed* » (le mur d'actualité du fan Facebook), il faut respecter trois critères :

- **L'*affinity*** : Facebook repère le fan qui va spontanément voir une page A plus qu'une page B et lui offrira donc en priorité les *news* de A pour le rendre addict au média. Il faut donc proposer des rendez-vous ponctuels et des *posts* séducteurs, d'où l'intérêt des rubriques régulières.
- **Le *time decay*** : il fait référence au système de publication des médias sociaux, la *timeline*, cet ordre chronologique qui fait qu'une publication du matin sera moins vue le soir, plongée dans les méandres du réseau. C'est pourquoi il faut surveiller les statistiques de visite de la page dans la partie « Publications ». Il s'agit de publier avec le bon timing : au moment où votre cible verra le plus votre post. Croire que de publier en *prime time* sur le *social media* (le soir entre 18 et 21 heures, quand les socionautes sont le plus connectés), est la clé est souvent un leurre. Car toutes les

entreprises publient à ce moment précis et inondent fatalement les *timelines*. Stratégiquement, il peut être habile de publier lors d'un temps considéré comme «mort», par exemple le dimanche sur LinkedIn ou le matin en semaine sur Facebook.

- **Le *weight***: il correspond aux trois fonctions d'interaction qu'a en main le fan – le commentaire, le partage et le «j'aime» (en fonction du réseau). C'est le commentaire qui a le plus de poids dans cet algorithme, la marque doit donc poser des questions pour en générer au maximum. C'est la fin des affirmations qui ont dicté le discours publicitaire au XXe siècle. Il faut sans cesse être dans le partage, la discussion. En respectant ces critères, la marque pourra augmenter sa visibilité (appelée «*reach*», «portée» ou encore «couverture»), mais ne touchera souvent que 20 % maximum de ses propres fans, une aberration voulue par Facebook et les autres qui profitent de leur situation de leaders des médias et souhaitent davantage vendre leurs publicités.

À VOUS DE JOUER

– Posez des questions dans vos posts, car le commentaire est l'engagement le plus valorisé. De vraies questions (pas du « Le saviez-vous ? » qui fatalement n'implique aucune réponse) !
– Fidélisez avec des rendez-vous récurrents, d'où la méthode des 6 rubriques.
– Respectez les formats natifs du réseau : publiez vos vidéos et photos directement sur celui-ci.

EMPLOYER LES HASHTAGS

Les hashtags sont l'équivalent des *Adwords* des médias sociaux, ils apportent un bon référencement. Le *content manager* doit avoir en base les cinquante mots clés qui sont les plus mentionnés sur les médias sociaux dans son univers de marque, et bien souvent ils apparaissent sous forme de mots cliquables appelés hashtag, avec le # devant. En cliquant sur ce mot, par exemple #plomberie, tous les tweets et photographies Instagram ou Pinterest mentionnant ce hashtag apparaîtront. Cette nouvelle façon de rechercher du contenu, de l'information est en train de remplacer les *Adwords*, car les résultats sont interactifs, contrairement au moteur froid (et non interactif) Google. Il est désormais beaucoup plus simple de partager ou d'entrer en contact avec le producteur du contenu/tweet que sur une recherche Google, et c'est pourquoi les tweets apparaissent de plus en plus en résultats de recherche. Tous les posts de la marque vont donc utiliser ces hashtags comme un peintre le fait avec sa palette de couleurs pour écrire sur la toile.

Plus on cite de hashtags en rapport avec son univers de marque, plus l'on est susceptible de toucher sa cible, car plus l'on remonte dans ces nouveaux moteurs de recherche que sont les médias sociaux. Des applications comme Tagé sur iOS permettent de surveiller les tendances des hashtags. La marque peut également acheter ces hashtags pour une journée auprès de Twitter (et bientôt sur Facebook ?), un bon moyen de surfer sur ces tendances de discussions qui animent les cibles à impacter. Sur Twitter, il est possible de toucher une cible en fonction des hashtags utilisés à l'aide des Twitter Ads.

La nouvelle fonction des médias sociaux est d'être de véritables moteurs de recherche intelligents et « chauds » (car interactifs) qui tournent autour des hashtags, à l'image de sa première version : le projet Graph Search de Facebook né pour concurrencer Google. Dès 2015, ce moteur de recherche inclus dans Facebook réunissait les résultats de recherches traditionnels du web (sites Internet, forums, médias de diffusion digitalisés) à l'aide du partenariat avec le concurrent de Google, Bing de Microsoft, et capitalisait sur la prise de parole des socionautes en public : les avis et notes sur les marques. Cela a entraîné le succès de Trip Advisor et le déclin des sites vitrine du tourisme, trop impersonnels et publicitaires pour que le socionaute y croie et y reste encore. Le socionaute a confiance en l'humain, pas en la marque qui s'exprime comme sur un catalogue papier, sans âme. Ce mélange du 1.0 et du 2.0 donne donc aujourd'hui le 3.0, le moteur de recherche intelligent classant habilement les marques en fonction de leur pertinence mesurée par la communauté mondiale. Il serait également possible que le moteur de recherche «social» réponde à des questions d'un langage du quotidien, comme Siri de l'iPhone, du type «quel est le meilleur hôtel à New York?» avec comme résultats les pages des hôtels apparaissant selon leur classement (tant d'étoiles sur 5), le nombre d'avis, les amis ou amis d'amis qui s'y sont rendus. Sans oublier la vidéo, car Facebook tend à concurrencer YouTube en proposant d'organiser ce format sous forme de thématiques dans «Watch», la partie vidéo de Facebook. En posant cette question sur Google, l'internaute tombe sur des forums, des marques qui ont acheté leur place *via* des *Adwords*, et il finit sur Trip Advisor à faire le tri parmi les avis des clients. Le moteur de recherche d'un réseau social a donc toutes les chances d'enterrer le Google actuel, froid et décorrélé des résultats humains qu'offre un Facebook, Instagram ou Twitter. Voilà pourquoi Google devrait racheter Twitter qui est son prolongement humain en incluant non seulement les entreprises et les médias, mais les personnes et leurs avis. Ceci dit, le hashtag permet de retrouver des contenus sur ces moteurs de recherche «sociaux», voilà pourquoi il est crucial dans votre stratégie de lister les 30 hashtags les plus recherchés dans votre domaine et d'en ajouter à chaque post LinkedIn, Twitter, Facebook, Instagram, Pinterest, etc.

En plus de ces hashatgs de «référencement», qui ont vocation à augmenter la position d'une entreprise dans les murs des réseaux sociaux (exemple: #running, #runningparis ou #trail pour une marque de course à pied parisienne), le fait de créer un hashtag qui n'existe pas encore servira à lancer un jeu-concours ou savoir qui parle exactement de sa marque, pour créer une discussion et mesurer la popularité de la marque. Avec l'outil ifttt.com, il est par exemple possible de récupérer automatiquement par mail des photographies Instagram qui participent à un concours lancé par la marque, grâce au hashtag utilisé. Aussi, Hootsuite permet de faire une recherche par mot clé sur Twitter (ou Tweetdeck) pour ainsi répondre aux questions des socionautes sur la marque, le produit, etc.

À VOUS DE JOUER

– Listez les 30 mots clés (hashtags) par réseau les plus utilisés dans votre secteur. Vous allez en inclure à chaque post dans le but d'augmenter votre visibilité sur ces réseaux qui deviennent des moteurs de recherche.
– Il y a 2 types de hashtags : celui que vous créez dans le but de rassembler une communauté (voir chapitre SHC), et celui que vous employez pour augmenter votre référencement (exemple : sneakers si vous vendez des chaussures de sport).

Exemples de mode de rédaction

FACEBOOK

INSTAGRAM

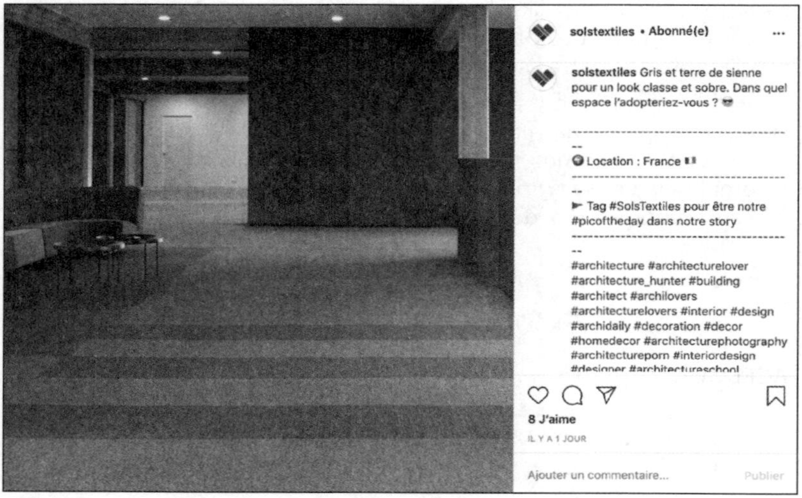

TWITTER

LINKEDIN

À VOUS DE JOUER

- Lorsque le post fait partie d'une de vos rubriques, commencez par le nom de la rubrique avec son hashtag (son nom, exemple : #LundiHistoire + une émoticône correspondant à cette rubrique).
- Intégrez des hashtags sur chaque mot clé potentiellement recherché par votre cible.
- Posez une question pour générer des commentaires qui sont l'interaction (ou « engagement ») le plus valorisé par l'algorithme d'un réseau social.
- Sur Twitter, Instagram et LinkedIn, ajoutez à la fin de votre post des hashtags de référencement (jusqu'à 30 sur Instagram, 4 ou 5 sur Twitter et LinkedIn).

PRINCIPALES CARACTÉRISTIQUES DES MÉDIAS SOCIAUX

Une présentation détaillée des principaux médias sociaux va suivre. Ils sont tous à connaître, car il est important de les utiliser selon vos besoins.

Une fois que vous aurez pris connaissance de ces célèbres plateformes qui ont pignon sur rue, pensez aussi à Twitch, qui est un réseau social originellement destiné aux *gamers* jouant en *live*. Sur ce réseau qui ressemble donc à un YouTube où seul le *live* est mis en avant, d'autres expertises apparaissent dans le but de toucher une cible d'adolescents et de jeunes adultes. Le tutoriel en tout genre à destination de ces consommateurs a ainsi sa place. Aussi, le placement produit passant par des influenceurs de ce réseau est à prioriser.

Communiquer sur des jeux vidéo comme Fortnite est aujourd'hui un des meilleurs choix pour toucher les plus jeunes à travers du placement produit ou de l'événementiel comme les concerts qui y sont diffusés. Un chanteur peut alors porter le produit virtuellement dans un jeu. Ces campagnes vont toujours de pair avec un hashtag afin d'inciter aux partages, aux commentaires sur d'autres réseaux tels que Twitter ou Instagram.

À VOUS DE JOUER

Comment produire un *live* sur un média social avec un reflex et un micro professionnel ?

Avec Ecamm Live, site payant, vous pouvez connecter votre appareil reflex à un *live* sur un média social et ainsi avoir une meilleure qualité vidéo que la webcam. Vous pourrez partager votre écran, ajouter des inserts graphiques (bannières, logo, etc.) et même commenter un PowerPoint en intégrant votre tête dans une bulle. Pour le micro, pensez à l'Elgato Wave 3 qui se connecte en USB à votre ordinateur. Avec Restream.io, vous pouvez diffuser un *live* sur plusieurs médias en même temps. Sur Instagram, yellowduck.tv permet de diffuser un *live* depuis un ordinateur.

Comment créer un filtre géolocalisé ?

- Il faut aller sur forbusiness.snapchat.com pour Snapchat.
- Préparez votre filtre en 2D avec Canva ou Photoshop en. png. Pour un filtre en 3D (réalité augmentée), il utiliser Lens Studio, logiciel créé par Snapchat. Sur Instagram, c'est avec son équivalent Spark AR Studio.
- Pensez en 2D à le mettre en bas ou en haut de l'image afin qu'un selfie soit possible.
- En 3D, il faut créer une animation qui suit les mouvements du visage. Rendre plus beau, plus moche, plus vieux, plus jeune, faire voyager ou encore transformer un visage sont des points qui peuvent rendre votre filtre intéressant pour une cible prête à s'amuser et à s'évader du quotidien.

FICHE

FACEBOOK & MESSENGER

Ce média est à destination :

- des personnes de plus de 40 ans qui s'y détendent après une journée de travail et s'y informent ;
- des retraités qui y sont pour avoir des nouvelles de leur famille et rejoindre des groupes par intérêts ;
- des étudiants qui y vont pour rejoindre les groupes d'étude et, sur Messenger, pour discuter avec leurs proches (la famille surtout).

Types d'entreprises :

- les grands groupes en quête de notoriété ;
- les commerces locaux pour toucher une clientèle de proximité ;
- les entreprises B2B avec de la RSE pour montrer leur rôle social.

Horaires de fréquentation :

- essentiellement à la pause déjeuner et entre 18 heures et 21 h 30 en semaine ;
- toute la journée le week-end.

Les types de publication d'entreprise qui fonctionnent :

- l'humour ;
- les animaux ;
- la RSE ;
- les tutoriels courts en vidéo ;
- les titres chocs.

Les formats performants :

- le live ;
- l'album photo (de 4 photos et +) ;
- le sondage ;
- l'Instant Experience, uniquement visible sur les mobiles ;
- la vidéo de 10 à 30 secondes sous-titrée au format Brut.fr ;
- l'illustration.

Exemples de pages à suivre pour de l'inspiration :

- Leroy Merlin pour les tutoriels ;
- Bosch Auto pour l'animation *via* une mascotte ;
- Lynx Optique Youdo pour les différentes rubriques dont le *newsjacking* ;
- Pringles pour les illustrations ;
- Axa Partners pour les vidéos courtes.

La recommandation stratégique :

- Puisez dans la méthode des 6 rubriques pour créer une ligne éditoriale de trois rendez-vous minimum hebdomadaires, tout en variant les formats (une rubrique : un format). N'oubliez pas d'être dans l'échange afin de générer des commentaires.
- Utilisez Loomly ou le Creator Studio de Facebook pour programmer vos posts du mois. Pour l'actualité chaude, qui fatalement n'est pas programmable, rangez-là dans une rubrique nommée #NomdemonentrepriseNews.

FICHE

INSTAGRAM

Ce média est à destination :

- des adolescents qui rêvent de beauté ;
- des jeunes 18-25 ans ;
- des professions créatives ;
- des jeunes mamans ;
- des curieux de l'art, de la mode, de l'architecture d'intérieur.

Types d'entreprises :

- les grands groupes pour rester à la mode ;
- les entreprises dans la mode et les produits de grande consommation ;
- les entreprises B2B avec de la RSE pour montrer leur rôle social ;
- les entreprises, associations et entrepreneurs individuels dans les secteurs de l'art, la mode, le design…

Horaires de fréquentation :

- essentiellement à la pause déjeuner et entre 21 heures et minuit en semaine ;
- toute la journée le week-end.

Les types de publication d'entreprise qui fonctionnent :

- la mode ;
- l'art ;
- le voyage ;
- la musique ;
- les animaux comme mascottes ;
- la RSE.

Les formats performants :

- le live en story ;
- les Reels (vidéos à effet accéléré/ralenti inspirées de TikTok) ;
- l'album photo (de 2 photos et plus) sur le mur ;

- les photos découpées sur le mur (avec l'application Grids sur iOS ou Android qui permet de découper une photo en 3, 6 ou 9) ;
- le mur réfléchi esthétiquement, qui joue avec la règle de la ligne de 3 photos.

Exemples de pages à suivre pour de l'inspiration :

- creativemarket.com pour des idées de mise en forme du mur (appelé aussi Feed ou Grid) ;
- @cocacola pour l'esthétisme ;
- @clubmed pour la façon de rédiger et le menu proche de celui d'un site Internet, des stories « épinglées » ;
- @solstextiles pour un exemple de stratégie esthétique : une couleur par mois.

La recommandation stratégique :

- Pour la rédaction de la biographie, pensez à faire des sauts à la ligne avec les emojis tout en ajoutant un hashtag à chaque mot possiblement recherché par votre cible, par exemple #socialmediaagency sur @mysocialbranding.
- Pour que la police change dans les commentaires aux posts (dit *caption*) et la biographie, ce qui donne un effet visuel attirant, utilisez igfonts.io.
- Pour le lien de la biographie, utilisez linktr.ee ou tapmybio.com afin d'obtenir un menu de liens adapté à la vision sur mobile.
- Sur le mur, publiez 15 posts par mois pour avoir une présence tous les 2 jours, et 5 lignes de 3 photos pour ainsi composer une forme esthétique, par exemple un post en noir et blanc à droite, une citation sur fond uni au milieu avec toujours la même police, et un post en couleur à gauche.
- Dans la story, adoptez la stratégie des rubriques hebdo en puisant dans les 6 thématiques proposées pour y créer 2 rendez-vous fixes, par exemple un live par semaine, un tuto un autre jour. Le reste du temps, ce format sert à diffuser l'actualité chaude. Il ne faut pas oublier d'y adosser une charte graphique. Pour cela, les applications mobiles Dazzle, Mojo ou Chroma Stories sont idéales.

- Sur IGTV, le YouTube d'Instagram, pensez à créer des émissions adaptées à la cible consommatrice d'Instagram. Pour cela, il faut copier le principe des émissions de télévision : un nom d'émission, une récurrence, un format (5 minutes par exemple), un lieu précis de tournage. Inspirez-vous de ce que produit Konbini par exemple avec #FastAndCurious, leur émission phare qui a un concept simple : toujours la même musique, toujours une personnalité filmée sur un fond uni, toujours des questions en noir et blanc. Vous constaterez que rares sont les entreprises qui réalisent des concepts d'émission ou même de rubrique, mais c'est l'avenir du *social media* qui porte le nom « media » en lui si l'on veut fidéliser une clientèle.

FICHE

TIKTOK

Ce média est à destination :

- des préados, car même si l'âge légal minimum d'un socionaute est de 13 ans, sur ce réseau les enfants y sont souvent dès 8 ans ;
- des adolescents ;
- des jeunes de 8 à 25 ans.

Ces 3 cibles recherchent de la notoriété sur ce réseau. Ils se mettent en scène à travers des chorégraphies, de la comédie ou des tutoriels (mode/make-up/sport).

Types d'entreprises :

- toute entreprise qui a un produit de grande consommation à vendre à cette cible ;
- les artistes et les entreprises du secteur du spectacle ;
- la mode à destination de cette cible.

Horaires de fréquentation :

- les soirs après 17 heures ;
- le week-end toute la journée.

Les types de publication d'entreprise qui fonctionnent :

- la danse ;
- la comédie (sketch) ;
- les tutoriels en vidéo.

Les formats performants :

- la vidéo courte (15 secondes) présentant une chorégraphie ;
- les effets visuels (fond vert, accéléré/ralenti, dédoublement) ;
- toujours une musique d'accompagnement.

Exemples de pages à suivre pour de l'inspiration :

- @francescafarago ;
- @youneszarou ;
- @gageslife ;
- @scottsreality.

La recommandation stratégique :

- Lancer un compte en tant qu'entreprise ne me semble pas judicieux, sauf s'il est piloté par un influenceur du réseau ou par

FICHE

une marque qui va jouer sur les effets visuels avec du *motion design* par exemple (comme Oreo sur Facebook). Le mieux est de rémunérer des influenceurs de la plateforme pour profiter de leur audience en lançant un SHC, voire en déclinant le hashtag initial (phase 2). Par exemple, Danette et #ToujoursDebout qui invite les utilisateurs à empêcher les autres de s'asseoir.

- Lancez un challenge, un défi avec un lot à gagner – attention toutefois à ne pas lancer des défis dangereux.
- Comme sur Twitter, plus votre SHC va être utilisé par les tiktokers, plus il va remonter dans l'algorithme et apparaître dans les tendances (*trending*). Si vous le souhaitez, achetez de la place et de la visibilité en contactant tiktok.com/business.
- N'hésitez pas à jouer la carte RSE. Si vous soutenez une fondation/association, proposez aux tiktokers d'agir en donnant du sens à un geste, une danse, une musique. Arriver à lancer une chanson en accord avec un musicien peut devenir une belle campagne dans la lignée d'un *We Are The World* (1985).

FICHE

SNAPCHAT

Ce média est à destination :

- des adolescents à partir de 13 ans ;
- des jeunes de 20 à 30 ans ;
- des parents qui amusent leurs enfants avec les filtres 3D de cette application.

Les jeunes sur ce réseau œuvrent en privé. Ils ne cherchent pas la notoriété mais à converser de façon privée, voire cachée, avec leur entourage proche, à l'exception de leur famille. Les messages s'y autodétruisent, et les principes du « j'aime » et du compte public n'existent pas, ce qui en fait un réseau moins anxiogène qu'un autre, car la compétition n'entre pas en jeu et rien ne pousse à la mise en scène. C'est la cour de récréation des jeunes, où ils peuvent baisser la garde.

Types d'entreprises :

- toutes les entreprises qui cherchent à toucher les 13-35 ans – aux États-Unis, par exemple, les agences immobilières font visiter les appartements avec ce réseau, en story ;
- en B2B, beaucoup de marketeurs et de chefs d'entreprise ont montré leur vie au travail pour plus de proximité que les messages souvent froids de Twitter ou de LinkedIn.

Horaires de fréquentation :

- plusieurs fois par jour, comme une messagerie WhatsApp pour d'autres catégories d'âge.

Les types de publication d'entreprise qui fonctionnent :

- l'*infotainment* ;
- le divertissement pur.

Les formats performants :

- la story ;
- les jeux ;
- les filtres en 3D.

Exemples de stratégies à suivre pour de l'inspiration :

- #TêtedeMug de Nescafé ;
- KFC et son filtre géolocalisé ;
- Nike et la réalité augmentée pour le lancement des Jordan ;
- Free et le jeu où il ne faut pas cligner des yeux pour illustrer l'offre illimitée ;
- *Le Monde* pour s'inspirer en tant que compte et le type de stories qui fonctionnent.

La recommandation stratégique :

- Déclinez votre SHC avec une action à faire par les utilisateurs du réseau.
- Lancez un filtre géolocalisé dans un lieu précis pour toucher les prospects ou les clients – par exemple, une vague et un palmier pour le Club Med à Parly 2 un samedi, pour inciter les passants à réserver leurs vacances.
- Organisez une chasse au trésor, comme H&M en Pologne, en dessinant dans la story le lieu physique où se cache un objet.
- Offrez un coupon de réduction pour ceux qui regardent la story un jour précis.
- Si vous lancez un compte, le but est de reprendre la méthode des 6 rubriques et de s'y atteler en story, qui est le seul format possible sur ce réseau. Optez toujours pour 3 à 4 rendez-vous hebdomadaires, pour être souvent présent.
- Contrairement au post traditionnel, la story a l'avantage de disparaître au bout de 24 heures, le but est donc de créer de l'instant qui ne se renouvelle pas. Ainsi, votre cible ne voudra jamais rien louper, comme Nabilla qui filme sa journée comme une téléréalité qui ne s'arrête jamais.

FICHE

PINTEREST

Ce média est à destination :

- des femmes de 25-45 ans, CSP + , en recherche d'inspiration pour des achats.

Types d'entreprises :

- les entreprises dans les secteurs du design d'intérieur, de la mode, de l'enfance, et du DIY (Do It Yourself : tutoriels en tout genre).

Horaires de fréquentation :

- le week-end essentiellement.

Les types de publication d'entreprise qui fonctionnent :

- les photos professionnelles de mise en scène d'un produit ;
- les tutoriels en photo.

C'est le seul réseau où l'apparence publicitaire avec le produit au cœur de l'image fonctionne, car l'intention d'achat y est très présente.

Les formats performants :

- les citations ;
- les infographies ;
- la photo produit et mannequin.

Exemples de pages à suivre pour de l'inspiration :

- Burberry ;
- Starbucks ;
- PetPlan Pet Insurance ;
- Coca-Cola.

La recommandation stratégique ?

- Sur ce réseau, l'entreprise doit avoir un compte avec un classeur (« *board* ») par thématique. Encore une fois, puisez dans les 6 rubriques. Par exemple : un classeur DIY, un autre Citations, d'autres par gamme de produits.
- Ajoutez hashtags et tags pour émerger, car c'est un moteur de recherche pour les utilisateurs.
- Il est possible de sponsoriser des posts sur ads.pinterest.com.
- Prévoyez un minimum de 30 photos par *board* pour que votre compte soit bien fourni.

FICHE

YOUTUBE

Ce média est à destination :

- de tous les âges !

Types d'entreprises :

B2B et B2C.

Horaires de fréquentation :

les soirs et week-ends.

Les types de publication d'entreprise qui fonctionnent :

- comédie ;
- musique ;
- éducation ;
- voyage.

Les formats performants :

- tutoriels ;
- reportages/documentaires ;
- interviews.

Exemples de pages à suivre pour de l'inspiration :

- UPS pour le bon dosage entre mise en avant des services (avec des émissions dédiées) et reportages émouvants (#WishesDelivered) ;
- Madmoizelle ;
- Booska-P pour les émissions et les miniatures (les vignettes apposées sur les vidéos).

La recommandation stratégique :

- Pensez votre chaîne YouTube comme une chaîne de télévision, et ce conseil est valable pour IGTV et Facebook Watch qui sont la partie vidéo longue d'Instagram et de Facebook. Il faut donc créer des émissions, et plus vous en avez, plus vous multipliez les chances d'adhésion (ce qui est un constat aussi pour les rubriques que l'on met en post sur tous les réseaux) :

– une émission tutoriels qui répond aux 20 questions les plus posées dans votre secteur. Le titre de chacune de ces vidéos doit démarrer par « Comment faire pour… ? » ;
– une émission reportage comme le faisait un temps McDonald's pour montrer l'envers du décor (comment les équipes travaillent) ;
– une émission *prank* comme Paypal et Greg Guillotin dans « L'anniversaire » ;
– une émission interview, comme Clique de Canal + ;
– une émission vlog, comme Peter McKinnon, expert en vidéo qui allie tutoriels et blog en vidéo (le vlog donc) pour humaniser sa chaîne. En dévoilant sa vie, il crée un lien affectif bien plus fort que le simple tutoriel. Chaque émission a un nom et une charte graphique différente de l'autre, comme dans une chaîne de télévision.

- Les titres des émissions doivent être en lien avec les requêtes que fait votre cible. Comme pour les articles d'un blog ou les gros titres de LinkedIn, Twitter ou Facebook, le titre doit donner l'impression de faciliter la digestion de l'information : « Apprendre la guitare en 3 leçons », « 5 conseils pour acheter un bien immobilier », etc.
- Ajoutez des hashtags et des tags pour augmenter votre visibilité, comme sur tous les autres réseaux (pour le hashtag du moins).
- Positionnez-vous en professeur de votre secteur d'activité. C'est ainsi qu'une génération s'est imposée en tant que youtubers, doublant les marques dans tous les secteurs.
- Observez le travail de Bodytime dans la musculation, d'Alexandre Cormont dans le coaching sentimental. Avec des titres de vidéo répondant aux questions les plus posées dans leur secteur et en étant réguliers dans leur production, ils ont réussi à s'imposer. Une fois que les abonnés sont présents, les marques arrivent pour sponsoriser. YouTube, quant à lui, verse environ 1 300 euros pour 1 million de vues. Vous noterez ensuite chez Steven, devenu un des experts high-tech français, la façon de rédiger les commentaires des vidéos : avec différents

liens notamment des liens affiliés (c'est-à-dire sur lesquels il touche un pourcentage des ventes *via* Amazon affiliate program par exemple). Puis vient le merchandising ou encore l'offre digitale : les filtres Lightroom vendus par Christian Maté Grab, expert en photographie allemand, et les Livres blancs en PDF ainsi que le coaching en ligne d'Alexandre Cormont. C'est ainsi qu'un business model existe pour une personne seule chez soi avec une caméra, et une expertise dans un domaine, on tend à oublier ce paramètre essentiel !

- La durée des vidéos explicatives est en général proche des 9 minutes, et en dessous de 5 minutes, personne ne croira apprendre quelque chose de sérieux en si peu de temps. C'est un réseau où le socionaute prend le temps de se concentrer sur un seul contenu, c'est le seul à ce jour avec LinkedIn.

FICHE

TWITTER

Ce média est à destination :

- des jeunes qui commentent publiquement l'actualité et le sport ;
- des journalistes qui y sont pour puiser du contenu et alimenter leur média ;
- des professionnels en quête d'information sur leur secteur d'activité.

Twitter est l'agora du XXIe siècle, le centre-ville du social media, *l'avenue principale d'Internet où se côtoient tous les types de socionautes. C'est le lieu de l'information.*

Types d'entreprises :

- B2B et B2C, tout le monde, puisque Twitter est le Google interactif.

Horaires de fréquentation :

- le matin entre 7 et 9 heures, le soir en même temps que la télévision (19 à 22 heures).

Les types de publication d'entreprise qui fonctionnent :

- l'information en tout genre ;
- les titres chocs ;
- le *newsjacking* (surfer sur l'actualité avec humour, sarcasme, etc.).

Les formats performants :

- le thread (une succession de tweets sur un même sujet) ;
- le sondage (choix entre 4 réponses pendant 7 jours maximum) ;
- l'album de 4 photos (très utilisé par les photographes pour une série sur ce réseau) ;
- le mème (gif qui a vocation à donner un sentiment humoristique) ;
- le *fleet* (la story sur Twitter).

Exemples de pages à suivre pour de l'inspiration :

- Decathlon pour son caractère politique sujet à buzz ;
- Netflix pour sa tonalité ;
- Interflora pour le *newsjacking*.

La recommandation stratégique :

- Puisez dans les 6 rubriques et utilisez les formats performants en faisant 2 ou 3 rubriques hebdomadaires, par exemple une rubrique sur l'histoire de votre secteur en thread le vendredi à 9 heures du matin qui deviendrait #FridayHistory. Pensez au format Sondage qui va permettre, à terme, de réaliser une infographie sur un sujet avec des données réelles récoltées sur Twitter. Cette fonction avait été créée pour remplacer le référendum politique, mais n'a jamais été utilisée par un politique.
- Incluez une rubrique *Newsjacking*, comme Interflora, et devenez le leader de l'information dans votre secteur d'activité en B2B. Cela implique de faire un travail de veille journalistique et surtout de ne pas retweeter (partager) d'autres médias. La technique est de créer un blog sur le site de votre entreprise et d'y publier des articles qui vont être promus sur LinkedIn et Twitter. Ainsi, vous devenez le média, vous ne relayez plus le média. Car ce réseau est celui où le scrolling est le plus rapide, où un tweet dure environ 18 minutes. Il s'agit donc d'en produire beaucoup. Sur ce réseau, vous pouvez publier un même article plusieurs fois en changeant l'accroche, pour cela l'outil (payant) Limber.io est idéal, car il fait ce travail et programme les tweets.
- Avec les « Listes » Twitter, vous pouvez organiser votre veille dans un secteur en listant les influenceurs pour récupérer des informations à diffuser.
- Sur ce réseau, en plus du compte entreprise, comme sur LinkedIn, c'est la prise en main par les équipes qui va faire avancer l'entreprise. Attention, assurez-vous que personne ne dévie sur des sujets politiques, ce qui est très tentant et dangereux. Le juriste de l'entreprise doit mettre à jour les contrats des salariés pour y ajouter que ce qui est dit sur un réseau social est considéré

comme « public » et que mentionner le nom de l'entreprise met en danger l'entreprise elle-même.

- Pour la rédaction de la biographie, il faut imiter celle d'Instagram avec des émoticônes pour chaque entrée comme sur @marcfanelliisla.
- Pour bien rédiger sur Twitter, inspirez-vous des tweets de la Fnac qui rangent parfois les posts dans des rubriques avec des hashtags différents tels que #Musique, #DVD, etc. La critique étant que visuellement chaque rubrique a le même aspect que l'autre. Or il faudrait justement les différencier comme dans un magazine papier, pour en faciliter la lecture.

FICHE

LINKEDIN

Ce média est à destination :

- des étudiants ;
- des salariés ;
- des chefs d'entreprise.

+ de 20 millions de Français y siègent et y passent du temps en pleine concentration dans le but de s'informer et de réseauter.

Types d'entreprises :

- toutes celles qui veulent recruter et se promouvoir.

Les petits commerces, qui pour l'instant manquent à l'appel, vont finir par y venir d'abord pour recruter, puis pour trouver des partenaires.

Horaires de fréquentation :

- en semaine essentiellement, de 7 à 17 heures.

Les types de publication d'entreprise qui fonctionnent :

- les publications des salariés ;
- la mise en avant des équipes ;
- la RSE ;
- les aventures humaines et professionnelles ;
- l'actualité d'un secteur.

Les formats performants :

- le sondage ;
- l'infographie à un chiffre ;
- la vidéo de 1 à 5 minutes (sans forcément des sous-titres, car dans ce réseau les socionautes écoutent en général comme sur YouTube) ;
- la photo reportage en entreprise.

Exemples de pages à suivre pour de l'inspiration :

- Star Service pour les rubriques mises en œuvre ;
- Axa Partners et Generali Patrimoine pour les visuels.

La recommandation stratégique :

- Sur la page entreprise, il faut prioriser le principe des rubriques : Histoire, Tutoriels, RSE, Actualité du secteur sont parmi celles à privilégier en fonction de la matière dont vous disposez.
- Ensuite, enfermez les offres d'emploi dans une rubrique #MonEntrepriseJobs et l'actu de votre entreprise dans #MonentrepriseNews.
- Variez les formats avec le sondage, l'infographie, la photo reportage de l'activité de votre société.
- Il est important d'inciter les salariés à publier du contenu provenant de la page entreprise, car ces posts sont plus vus de façon organique (sans les sponsoriser) sur leur compte personnel (environ 40 % de taux de couverture, contre 1 % sur la page entreprise), mais vous ne pouvez pas les y obliger. Mettre en place un système de cadeaux pour le « meilleur élève *social media* », citer constamment les noms des salariés (et des partenaires) dans les posts de l'entreprise aide à faire relayer les informations. C'est ce que l'on appelle l'Employee Advocacy, et l'outil (payant) Limber.io peut aider à mettre à disposition de toute une équipe un ensemble de posts préparés par le service communication afin qu'ils les relaient facilement. Vous pouvez aussi concevoir un système de points en fonction du nombre de posts publiés afin de challenger les forces vives de l'entreprise. Ne perdez jamais de vue que l'être humain est plus suivi que l'entreprise, car c'est son supplément d'âme, comme Elon Musk et Tesla, et feu Steve Jobs pour Apple. Michel-Édouard Leclerc l'a bien compris, observez sa communication sur son profil LinkedIn. Tous ses posts sont humains et mettent en avant les valeurs humaines de l'entreprise, l'expertise des équipes, et jamais le produit ne prend le pas sur ces deux traits essentiels. Les « j'aime » et les « commentaires » deviennent alors des opinions ou des questions sur un sujet professionnel soulevé par ce chef d'entreprise.

Comment recruter des prospects sur LinkedIn :

Le démarchage commercial visant à reproduire ce que l'on fait par téléphone ou par email ne fonctionne pas sur les médias sociaux professionnels incarnés aujourd'hui par LinkedIn où tout se passe : le recrutement qui enterre petit à petit Monster, le bouche-à-oreille, la recommandation. Demander tout de suite un rendez-vous téléphonique aboutit neuf fois sur dix à un échec, *idem* pour du *mass mailing* dans l'ère de la personnalisation, du *one to one* où chacun veut exister en tant que personne unique. La clé est donc de jouer le jeu du réseau social.

- Ajoutez en amis des personnes qualifiées, trouvées grâce à l'abonnement payant Sales Solutions qui permet de transformer LinkedIn en Excel avec des listes de relance, en complétant cette invitation avec l'envoi d'un texte du type : « Bonjour M. X, je me suis permis de vous ajouter afin de suivre l'actualité de votre entreprise/secteur, je vous souhaite une belle journée, Mon Prénom. » Évitez de tout de suite citer le prénom de la personne, ce qui peut créer une proximité gênante.
- Interagissez sur les posts de la cible pendant trois semaines à un mois : j'aime, commentaires avisés…
- Publiez des posts prouvant l'expertise, donc concoctés par le service communication.
- Envoyez un message privé à J + 3 semaines disant : « Bonjour Prénom, cela fait quelque temps que je vous suis. Je travaille pour… et je me demande si ce sujet vous intéresse… Bonne journée, Mon Prénom. »
- Si cette invitation ne donne rien, préparez un Livre blanc ou un outil gratuit à disposition de la cible (exemple : un modèle de planning éditorial pour des responsables communication) et envoyez-le-lui en message privé. Cela peut débloquer des rendez-vous. Ou invitez ces personnes à une conférence privée, un petit déjeuner. Travaillez les contacts sur la durée, ne brûlez pas vos ailes avec un email copié-collé sans âme et intrusif.

À SAVOIR

À ce jour, **les *fleets* Twitter et *stories* LinkedIn** n'offrent que très peu de fonctions, mais le jour où ils offriront des sondages, la géolocalisation, le *swipe up* (l'incitation à ouvrir une page externe), les questions ou un compte à rebours (comme sur Instagram ou Snapchat), il faudra en faire des rubriques adaptées. C'est-à-dire reprendre le principe des rubriques hebdomadaires et composer avec les fonctions : par exemple une session de Q/R un jour, un compte à rebours vers un code promo, etc. Tel est le métier du *social media manager* : observer les fonctions à succès d'un réseau et y greffer des programmes récurrents.

5 L'IMPACT SUR LE SITE INTERNET, L'APPLICATION MOBILE ET LE OFFLINE

Les trois buts du site Internet ont toujours été d'être la vitrine de l'entreprise, de savoir qui sont ses visiteurs et de vendre. Continuer à arborer une vitrine de produits avec un descriptif technique trop propre pour être vrai sans aucune possibilité d'interaction est une erreur, nous l'avons vu. La newsletter, destinée à qualifier les visiteurs anonymes de cette boutique perdue dans la campagne Internet, ne fonctionne plus et finit dans les spams. Pour la remplacer, un *header* animé (des *slides* ou un gif) mettant en avant l'utilisation précise de chaque média social par la marque permettra de qualifier ces visiteurs anonymes, puisqu'ils rejoindront un des médias sociaux s'ils sont séduits par les messages qui accompagnent cette mise en avant des Facebook, Twitter, etc. Par exemple, si l'entreprise évolue dans le domaine du marketing, elle pourra dire dans une bannière : « Rejoignez notre Facebook et recevez gratuitement le Livre blanc du marketing digital ! »

Prévoir un formulaire sur un site d'atterrissage est une des actions qui rend encore intéressant le site Internet comme convertisseur de visiteurs *social media* en prospects qualifiés. Cependant, les médias sociaux offrent dans leur partie publicitaire des formulaires clé en main. Il est d'ailleurs important de récupérer les emails des prospects et consommateurs, car les avoir en fans ou abonnés Twitter ou Facebook ne permet pas naturellement d'obtenir les emails. Cela rend la marque dépendante de ces médias qui peuvent un jour disparaître avec leurs précieux fichiers clients.

En *home page*, la boutique ne doit pas occuper tout l'espace, sinon la marque bascule de nouveau dans le marketing pur détesté par les socionautes. Il vaut mieux mettre en avant un blog dont le discours basé sur la séduction et l'expertise sera le même que le cœur de la nouvelle stratégie (page Facebook/LinkedIn/Twitter). Le choix du blog peut être Tumblr (ou Medium en B2B) qui dispose d'une communauté vivante et connue (des jeunes de 20 à 30 ans intéressés par la mode, le high-tech), contrairement au WordPress qui n'est pas un réseau social «centre commercial» connectant des internautes entre eux, mais les murs d'un site Internet à la campagne.

Une vidéo de présentation de la marque est aujourd'hui indispensable, mais plutôt que de reproduire le spot télévisuel de 30 secondes basé sur la description du produit avec un langage marketing, mieux vaut diffuser ce que représente le fait de consommer la marque, quel est son bénéfice social et humain.

Pepsi est ainsi un des meilleurs cas de publicité déguisée centrée sur le *lifestyle* de la marque avec la campagne Uncle Drew. Le produit est en arrière-plan dans une scène de la vie quotidienne: des basketteurs jouant sur un terrain de banlieue vont vivre une expérience en même temps que le socionaute. Un joueur de la NBA déguisé en vieillard va petit à petit révéler ses talents sur le terrain. L'émotion qui s'en dégage avec l'effet de surprise et la magie du talent du joueur ont ainsi conquis les socionautes, et les gros plans faits par Pepsi sur des personnes *lambda* consommant du Pepsi permettent aux socionautes de s'identifier de façon plus réaliste qu'avec l'acteur modèle de la publicité à la télévision. Une histoire est racontée, une expérience est offerte, le socionaute est diverti et le message de la marque est diffusé: le choix du basket de rue et de la musique hip-hop n'est pas anodin, car Pepsi s'adresse à une clientèle urbaine, jeune et qui aime le basket-ball.

Le *social hub* est une fonction encore peu connue permettant de centraliser l'ensemble de la présence de la marque sur les médias sociaux à travers l'utilisation d'un hashtag personnalisé (non utilisé ailleurs). PGA Tour en est un des premiers utilisateurs. Dans ce site de l'actualité du golf, le hashtag #pgatour permet de récupérer automatiquement sur une page Internet tout le flux de publication (tweets, photographies Instagram) fait par le monde entier avec ce hashtag. Dans cette page donnant envie à l'internaute de siéger pour recevoir l'actualité du golf en temps réel, PGA lui permet également de réagir en répondant à des sondages *via* son compte Twitter, sans quitter la page. Lorsque l'internaute clique sur « vote » pour répondre à une question posée par PGA, un tweet est créé avec le lien de cette page Internet que l'internaute complète par sa réponse. Aussi, PGA a eu l'intelligence de créer une liste Twitter (un regroupement de comptes autour d'une thématique, ici les joueurs professionnels de golf). Ainsi, l'internaute peut accéder simplement à tout ce que publient ces joueurs sur ce *social hub* au cœur du site de PGA.

Le SAV est souvent un leurre. La marque se cache derrière une FAQ, un numéro de téléphone payant et un email. Dans l'ère du « consomm'acteur », des problèmes d'avant-vente et d'après-vente non traités se terminent en publications nuisibles pour la marque sur Twitter, Facebook et les blogs. Le prospect qui s'apprête à consommer vérifie l'avis des consommateurs, car cela le rassure – sachant que ce consommateur n'est pas motivé par un objectif de vente, contrairement à la marque. Mais le consommateur qui s'exprime publiquement le fait souvent davantage lorsqu'il n'est pas content du service de la marque. Il faut donc que celle-ci se lance dans la fosse aux tweets et les affronte avec comme arme l'écoute, la compréhension et des réductions pour les clients mécontents. Si le consommateur fâché remercie la marque pour un SAV réactif, cela aura un effet pierre blanche en public. Il faut donc mettre en avant le compte Twitter, ou les chats privés (avec Line, Facebook Messenger ou WeChat par exemple) pour encourager le consommateur à s'exprimer, mais en privé quand cela est possible, et surtout sans tenter de le noyer dans des FAQ impersonnelles.

CINQ FONCTIONS INDISPENSABLES À IMPLÉMENTER AU SITE INTERNET

1. ***Social header***

   La bannière du site va se substituer ou compléter les icônes des réseaux sociaux en présentant l'utilisation précise de chacun d'eux sous forme de gif. Par exemple, un *slide* aux couleurs d'Instagram disant: «Quelle est votre vision de la liberté? Exprimez-la avec le hashtag #freedomNike et les plus créatives gagneront une paire de Nike Free!»

2. ***Social newsletter***

   Puisque la newsletter ne fonctionne plus à cause de sa perception intrusive et publicitaire, il faut trouver un autre moyen pour qualifier les visiteurs anonymes du site. Avec un post pointant vers le site Internet de l'entreprise, nous allons créer un slide sur le *header* du site Internet disant: «Devenez fan Facebook et vous recevrez les dix conseils pour mieux préparer vos *trails*!» En cliquant dessus, on demandera au socionaute ses informations (email, etc.) pour recevoir le Livre blanc en PDF.

3. ***Social hub***

   Le *social hub* permet de publier toute l'information qui émane de la marque sur les différents médias autour d'un hashtag créé pour l'occasion. Dans un second temps, c'est l'occasion de publier automatiquement les publications UGC quand il y a un concours photographique ou vidéo organisé par la marque. Enfin, c'est également le moyen de créer de la discussion en posant des questions auxquelles les internautes répondent en se connectant à leur Twitter, ce qui génère un tweet avec l'URL de cette page *social hub*. Une application telle que TwineSocial permet d'ajouter un *social hub* à un site Internet, ou sur les écrans d'un événement physique.

4. ***Social plugins***

   Le blog de la marque présent sur la *home page* pour du *personal branding* (humanisation) doit s'accompagner de *plugins* pour se connecter à l'aide des réseaux sociaux (Facebook, Connect, etc.), commenter et partager les articles à l'aide des réseaux sociaux. De cette façon, la marque peut savoir qui sont ses visiteurs puisqu'elle récupère leurs datas (email, date de naissance, etc.) et a ainsi connaissance de leur réseau favori, ce qui lui permet de continuer l'aventure avec eux là-bas.

5. ***Social SAV***

   Plutôt que de se cacher derrière des FAQ, numéros de téléphone payants et des emails introuvables, mieux vaut affronter les critiques plutôt que de les laisser s'étendre en public sur Twitter. Autant créer un compte Twitter SAV différent du compte Twitter principal réservé à la communication globale de la marque. Aussi, pour éviter les discussions nuisibles à la marque en public, pourquoi ne pas se servir de la génération mobile et privée des médias sociaux à l'image de Line, WhatsApp ou WeChat ? En y plaçant un *community manager* technicien de la marque avec un texte disant : « Un souci technique, une question ? Nous vous attendons 24 heures sur 24 et 7 jours sur 7 sur WhatsApp ! »

   Vous pouvez également utiliser Messenger de Facebook directement sur votre site Internet pour discuter via Facebook avec vos visiteurs. Pensez à aller sur « Facebook for developers » (https://developers.facebook.com/) et sur la partie « developers » de chaque réseau pour exporter des fonctionnalités sur votre site.

À SAVOIR

Sur un site Internet, pensez à intégrer :
- des bannières de promo ;
- un *social wall* ;
- des avis Facebook ;
- l'idée d'en faire une expérience unique.

L'APPLICATION MOBILE

Un exemple d'application intelligente est celle de Nike Running. Il faut s'y connecter *via* Google, Facebook ou Twitter, ce qui implique que l'utilisateur donne bien plus de data que le simple email. Pour ajouter cette fonction «*social login*», il faut récupérer les codes dans la partie «*developers*» des GAFA. De plus, l'application est téléchargée au départ non pas pour Nike, mais pour le fait qu'elle offre un service gratuit: le comptage des pas lorsque l'on court et la géolocalisation. Oublier d'offrir un service gratuit est une erreur dans le web contemporain lorsque l'on veut attirer des prospects. Asics a tardé à racheter Runkeeper, une application similaire. Enfin, l'application Nike Running inclut le partage automatisé de photos sur Instagram avec un hashtag #NikeRunning, c'est ce que l'on appelle le «*social sharing*». Ceci a créé la communauté Nike dans le running.

À SAVOIR

Sur une application mobile, pensez à intégrer :
- un *social login* ;
- un outil gratuit ;
- le partage sur les réseaux sociaux avec hashtag automatique.

LE MAGASIN PHYSIQUE

La digitalisation d'un magasin est un enjeu crucial, car combien de visiteurs d'une boutique physique sont connus par la marque? Trop peu. Il faut attendre que la personne paie en caisse et veuille bien prendre une carte de fidélité pour enfin garder le contact avec un client.

Afin de connaître plus rapidement les clients et aussi les prospects de son magasin, voici quelques conseils :

- mettre le SHC en évidence sur la vitrine avec le lot à gagner ;
- proposer ponctuellement une animation avec ce SHC ;
- penser à des filtres Snapchat ou Instagram pour une expérience en réalité augmentée ;
- mettre des QR codes sur les fiches techniques afin d'engager la discussion sur Messenger ou WhatsApp par exemple ;
- créer un *social space* pour inciter à faire des selfies devant ou avec les produits vendus.

À SAVOIR

Dans un magasin physique, pensez à intégrer :

– des codes promo à récupérer sur un réseau social ;

– un *social space* ;

– des expériences de jeu et de filtres ;

– des fiches techniques en QR codes.

6 LE *SOCIAL MEDIA ADVERTISING* (SMA)

La solution pour rester en haut des différentes *timelines* (le flux des publications qui défile à la vitesse de la lumière !) est d'acheter sa place sur le *news feed* Facebook, la *timeline* Twitter, Pinterest, LinkedIn, etc., comme avec les Google Ads (les achats de mots clés) sur Google. Tous les médias sociaux ou presque sont dotés d'une offre de sponsorisation des posts puisque c'est leur seul moyen de survie, étant à la base des espaces gratuits pour les utilisateurs.

La marque doit réellement intégrer que créer des pages professionnelles sur ces médias et produire du contenu créatif et intéressant ne suffira pas (plus !) à obtenir du succès en ligne. Désormais, puisque tout le monde siège dans ces centres commerciaux, marques et consommateurs (qui suivent des dizaines de pages professionnelles et voient donc leurs *timelines* inondées de contenus), il va falloir prévoir un sérieux budget *social ads* pour toucher sa cible. Cependant, sur les médias sociaux, le ticket d'entrée est très accessible, contrairement aux autres médias (la pub télévisée, print ou radio), car il repose sur un système d'enchères comme pour les *Adwords* : l'entreprise qui paiera le plus sera la mieux placée.

« Sponsoriser » (c'est le terme qui désigne l'acte de faire de la pub payante) de la vidéo courte est ainsi un bon moyen aujourd'hui d'avoir de l'impact. Reste à offrir des vidéos basées sur l'expérience utilisateur, de l'*infotainment* ou du pur *entertainment*, pour ne pas finir banni d'un lieu assimilable à une sorte de Disneyland puisque l'on y aime tout.

À SAVOIR

Le **SEM** (*Search engine marketing*) inclut aujourd'hui en plus du traditionnel SEO + SEA, le SMO (hashtags, respect des algorithmes sociaux) et les SMA (achat de publicités sociales et de hashtags). L'**engagement** est l'objectif du *social ad*. Cette appellation née sur Facebook désigne les interactions possibles avec une publication : aimer, partager, commenter (et sur Twitter : favori, RT et mention).

LES BASES DU *SPONSORING*

La publicité que l'on nomme «*sponsoring*» est l'acte d'investir de l'argent sur un post et/ou un compte social. Il est devenu indispensable pour être vu en haut des murs (*timelines*) des réseaux sociaux d'une audience ciblée. Sans cela, l'entreprise est tributaire du seul buzz, une sorte de roulette russe où on laisse le hasard agir. Cela fonctionne parfois, mais c'est de plus en plus rare car un post est noyé parmi des milliers d'autres publiés en même temps.

L'objectif du *sponsoring* est donc de remonter sur le mur, comme on le fait sur Google avec le SEA (*Search engine advertising*), c'est-à-dire l'action de louer des mots clés *via* la plateforme de *sponsoring* de Google : Ads. C'est d'ailleurs sur cette plateforme que l'on sponsorise les vidéos YouTube.

Le *sponsoring* (ou SMA pour *Social media advertising*) dans l'écosystème Facebook – qui inclut donc Messenger, WhatsApp, Instagram – répond à des règles, qui peuvent être valables sur Pinterest, Snapchat, TikTok, LinkedIn et Twitter. Dans tous les réseaux sociaux, sur leur plateforme de *sponsoring* respective, il faut d'abord activer ce que l'on appelle le «pixel». C'est un code que génère le réseau social et qui va permettre de mesurer tout ce qui se passe entre vos posts sponsorisés et le site d'atterrissage quand vos posts pointent vers un site Internet, tel qu'une boutique par exemple. Combien de personnes ont acheté vos produits ? Quelles pages ont-elles visitées ? Ce code est à placer sur votre site, mais le réseau social indique précisément où, ne vous inquiétez pas ! Par exemple, pour Facebook et Instagram, ce code se trouve dans Business.Facebook.com où vous devez créer un compte en vous assurant au préalable d'être administrateur d'une page Facebook (un compte professionnel donc).

À SAVOIR

Pourquoi choisir de faire une pub sur un réseau social ?

- Le taux de clic moyen sur les pubs *display* est de 0,06 % selon HubSpot ; les réseaux sociaux sont donc une alternative gagnante pour de la visibilité et du clic.
- La visibilité d'un post organique sur ces médias est de 1 à 5 % de la base d'abonnés/fans, c'est le pourcentage de visibilité que vous obtenez sans sponsoriser.
- La pub print, radio et télévisée ne propose pas de clics d'achat en direct et exige un coût décorrélé du nombre de vues basé sur des promesses.
- Sur ces médias, vous allez pouvoir interrompre la pub si elle ne fonctionne pas, la modifier en cours de route, et agir sur le budget alloué.

COMMENT FONCTIONNE LA PUB ?

Il faut tout d'abord comprendre qu'une fois lancée, votre pub va obtenir une note de 1 à 10 par le robot du réseau social, en pondérant les trois critères suivants. Cela va expliquer sa visibilité plus ou moins bonne, donc son succès. D'où l'importance d'une bonne maîtrise des règles.

1. **Le montant de l'enchère**

   Plus vous payez cher ce montant, plus vous avez de chance d'être vu.

2. **Le taux d'interaction**

   Plus il y a de j'aime/partages/commentaires/clics sur votre pub, plus vous passerez devant les autres annonceurs qui travaillent sur la même audience que vous. Le taux d'interaction indique le nombre d'interactions divisé par celui de personnes ayant vu le post (la couverture ou *reach*). Attention à ne pas le confondre avec les impressions : la somme totale des vues, donc incluant la répétition auprès d'une même personne, x 100. Un bon taux d'engagement démarre à 3 %. La moyenne sur Facebook et Instagram est de 1 %. Une chose est sûre, vous pouvez acheter de la visibilité pour un post quel qu'il soit, mais vous ne pouvez pas garantir son succès : que l'audience aime, partage, commente ou clique. C'est aujourd'hui le critère déterminant de la communication[15].

3. **La qualité**

   Votre post doit se conformer aux règles de publications : moins de 25 % de texte dans l'image, pas de titres mensongers, pas de liens externes défaillants.

15. Durant les années de règne de la publicité traditionnelle, on ne savait jamais si l'audience touchée aimait vraiment la pub et le produit. Il s'agissait d'examiner s'il y avait eu des ventes en magasin et, plus tard avec la naissance de l'e-commerce, sur un site Internet.

FICHE

LES CARACTÉRISTIQUES D'UNE PUBLICITÉ MÉDIOCRE SUR FACEBOOK

Les publicités avec trop de texte dans l'image. Vous noterez que les émoticônes ne sont pas considérées comme nuisibles à la pub, donc je vous conseille d'en inclure dans le texte d'accompagnement pour respecter la bonhomie de ce réseau et aérer la lecture.

FICHE

Les publicités mensongères qui omettent des informations afin d'inciter une personne à cliquer sur un lien pour comprendre le contexte global.

Les pubs à langage sensationnaliste : titres exagérés ou incitation à une réaction de la part des utilisateurs, de manière à créer une expérience inattendue lorsque les utilisateurs cliquent sur une page de destination.

Les pièges à interactions : lorsqu'une publicité utilise un contenu indésirable qui pousse les personnes à interagir d'une manière non authentique pour obtenir plus de mentions « j'aime », de commentaires et de partages. Vous noterez que ce cas ne précise pas les appels à suivre la page, à l'aimer dans le cadre d'un concours. C'est pourquoi beaucoup de ces pubs qui augmentent le nombre de fans sont finalement tolérées par le robot.

À SAVOIR

Facebook mesure la **qualité d'une publicité** en portant attention aux choses suivantes :

– le fait qu'un utilisateur Facebook masque la publicité ;

– le fait qu'il choisisse de masquer toutes les publicités de cet annonceur ;

– le fait de masquer la publicité, car elle apparaît trop souvent ;

– le signalement de la publicité ;

– le taux de rebond de la page de destination ;

– la durée d'arrêt sur la page de destination.

J'ajouterai aux trois critères ci-dessus un quatrième point lié à l'expérience du socionaute : **l'originalité du post**, de son format. Plus vous allez vers les nouveaux formats, plus vous avez de chance d'interpeller des personnes qui scrollent à longueur de journée sans ne plus rien voir au bout d'un moment quand tous les posts se ressemblent. Aujourd'hui, une pub sur Messenger a plus de chance d'être vue avec attention qu'un simple post sur Instagram. Voici la liste des formats à prioriser pour plus d'attention : Messenger (déjà possible), Facebook et Instagram Live (en attente pour le live Instagram planifié), Story Facebook (déjà possible), Reel et IGTV sur Instagram (en attente).

Attention à ne pas publier un nombre disproportionné de publicités par rapport au contenu de votre site d'atterrissage. Et, dernier conseil : évitez de donner une fausse image des produits, des délais de livraison ou du service client. La publicité ne doit pas reposer sur une expérience trompeuse.

À SAVOIR

Vous pouvez choisir de sponsoriser un **formulaire d'inscription sur les réseaux sociaux** sans en créer un. Comment ? En passant par Facebook ou LinkedIn qui proposent des formulaires à customiser *via* « Génération de *leads* », un des formats publicitaires disponibles sur business.facebook.com.

LA MAÎTRISE DE L'ENCHÈRE

Revenons un instant sur l'enchère. Lorsque vous vous préparez à lancer une pub sur le business manager, l'interface publicitaire de Facebook et d'Instagram, on vous propose un contrôle du coût de l'enchère, avec trois sous-options en fonction de l'objectif de pub choisi : coût cible, plafond de coût, limite d'enchère ou non (coût le plus bas). Tâchons de comprendre tout cela afin de construire une pub qui va fonctionner.

Qu'est-ce qu'une enchère ? C'est le prix que vous donnez à la visibilité singulière d'un post. L'enchère va de pair avec l'objectif de publicité retenu :

- **les impressions – ou CPM, coût pour mille impressions** : le prix que vous êtes prêt à payer chaque fois que votre post est vu mille fois. L'objectif est alors la visibilité, la notoriété, plutôt que l'obligation de cliquer sur un lien qui accompagne votre post ;
- **les clics – ou CPC, coût par clic** : le prix que vous êtes prêt à payer pour chaque clic déclenché. L'objectif est alors les visites sur un site externe, comme celui d'une boutique. Vous verrez également le terme « coût par interaction » pour certains objectifs, cela signifie que vous ne payez pas pour un clic, mais pour un partage, un « j'aime » ou un commentaire ;
- **les *leads* – ou CPA, coût par acquisition de *lead*** : le prix que vous êtes prêt à payer à chaque fois qu'un formulaire est rempli (les *leads* sont les personnes qui remplissent un formulaire). C'est l'objectif « génération de prospects » dans le business manager ;
- **les vues d'une vidéo – ou CPV, coût par vue** : le prix que vous êtes prêt à payer pour une vue, sachant qu'une vue se déclenche à 3 secondes. L'option « Thruplays » permet de payer pour garantir 10 secondes de vue ;
- **les fans – ou CPF, coût par fan** : le prix que vous êtes prêt à payer par fan acquis. L'objectif choisi est donc : Interaction >

«j'aime» la page. Cet objectif n'est malheureusement pas disponible sur Instagram, voilà pourquoi il faut trouver d'autres alternatives pour augmenter sa base d'abonnés Instagram: concours, influence, etc.

Il est possible de contrôler le montant de l'enchère ou de laisser faire automatiquement Facebook. Dans ce dernier cas, une seule option est possible:

- **Le coût le plus bas (ou *lowest cost*)**

  Avec cette option, vous n'avez aucun contrôle: Facebook diffuse votre pub au coût le plus bas, ce qui est une bonne chose, mais ce peu importe le prix. Il faut comprendre que l'enchère la plus basse peut évoluer sans limite de coût en fonction du nombre d'annonceurs travaillant sur la même audience et du coût qu'ils fixent ou non. C'est la logique de la concurrence de l'enchère. Facebook va en tout cas dépenser tout votre budget, que ce soit sur une journée ou au global. Je vous conseille d'utiliser cette option si vous n'avez jamais travaillé avec votre audience afin de voir à quelle enchère elle réagit le mieux. Vous pourrez ainsi savoir quelle enchère fixer sur vos prochaines pubs et vous couper de cette option trop aléatoire. Cependant, cette option assure une optimisation maximale de votre budget en garantissant à chaque fois le coût le plus bas possible. Mais vous l'aurez compris, il y a un facteur inconnu: ce coût!

Si vous optez pour le contrôle des coûts, trois options vont généralement s'offrir à vous (même si tout dépend de l'objectif de pub choisi):

- **Le coût cible (ou *cost cap*), valeur moyenne**

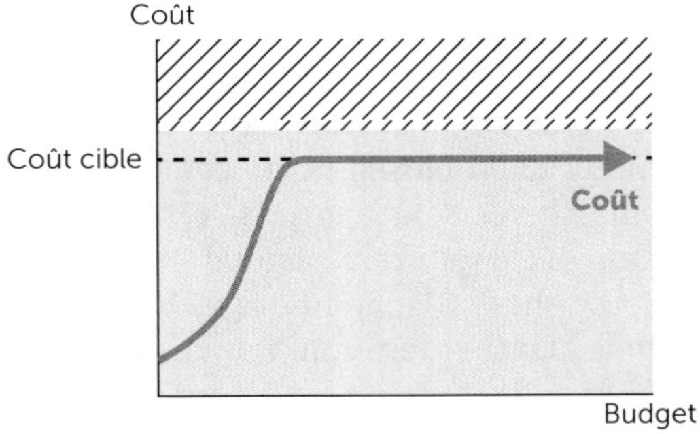

Facebook recherche un coût moyen de 10 % plus ou moins cher que le montant que vous avez défini. Si votre coût cible est de 10 euros, Facebook va rechercher les résultats les plus proches de 10 euros, même si un coût moins élevé existe à la place. Vous aurez avec cette option une maîtrise totale de votre publicité puisque vous pourrez prévoir vos coûts finaux sans surprise. Il y a toujours une phase d'adaptation où le coût est plus bas, mais rapidement celui-ci augmente vers le coût défini. Je vous conseille cette option quand vous avez déjà travaillé sur votre audience et que vous connaissez le coût le plus bas qui fonctionne sur elle pour vous garantir des conversions sans surprise de budget.

- **Le plafond de coût (ou *bid cap*)**

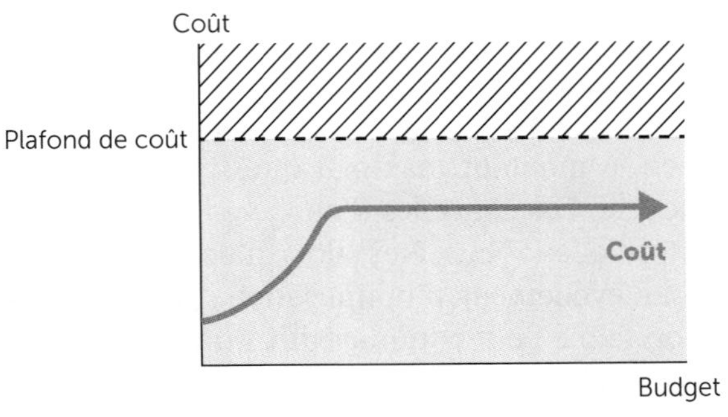

La stratégie d'enchère avec plafond de coût permet de générer le nombre maximal de conversions avec une marge jusqu'à 50 % moins chère que le coût défini. Facebook recherche les événements disponibles au coût le plus faible, ce plafond n'est donc pas atteint. Si vous dépensez plus ou augmentez votre budget, votre coût par événement d'optimisation moyen peut augmenter. En clair, quand les options moins chères sont épuisées, Facebook passe au coût le plus élevé sans dépasser votre plafond – ce qui ne peut avoir lieu que lors de la phase d'apprentissage. Vos coûts se stabiliseront avec le temps choisi et resteront inférieurs à votre plafond de contrôle des coûts une fois la phase d'apprentissage terminée. Je vous conseille donc de choisir cette option avec le coût maximal que vous pouvez allouer à votre campagne, ainsi il ne sera jamais dépassé, mais il vous assurera une bonne visibilité si vos annonceurs concurrents choisissent un coût plus bas.

- **La limite d'enchère (ou *target cost*)**

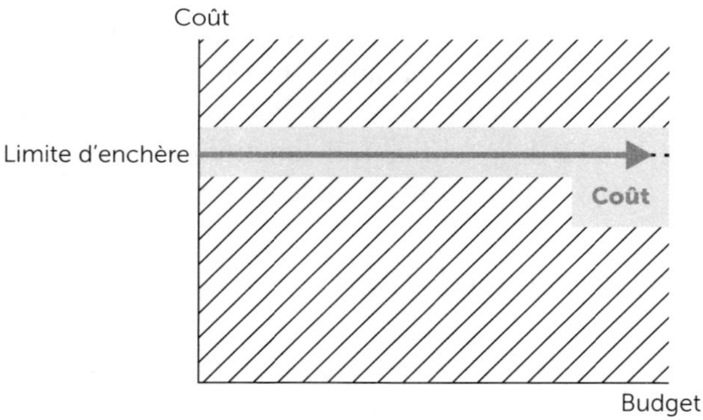

Vous indiquez le montant maximal que Facebook peut dépenser pour une enchère. Les contrôles d'enchère limitent le montant fixé pour chacune d'elles. Vous êtes alors plus à même de contrôler votre coût par événement d'optimisation. Toutefois, un contrôle d'enchère trop faible peut entraîner une diffusion moindre.

Si vous définissez une limite d'enchère à 5 euros et que 100 événements d'optimisation sont disponibles pour 5,01 euros, Facebook n'essaiera pas de les obtenir (alors qu'il le fera si votre contrôle des coûts était défini sur 5 euros). Je vous conseille d'utiliser la limite d'enchère plutôt que le contrôle des coûts uniquement si vous devez contrôler de manière rigoureuse et manuelle le coût de chaque événement d'optimisation disponible, car le cas échéant vous pouvez perdre en termes de diffusion de la publicité.

FICHE

RÉCAPITULATIF DES MODES D'ENCHÈRE

Stratégie d'enchère disponible	Qui définit l'enchère ?	Objectifs disponibles
Coût le plus bas	Facebook	Notoriété de la marque, trafic, interactions, installations d'applications, vues de vidéo, génération de prospects, messages (à l'exception de ceux sponsorisés), conversions, ventes sur un catalogue produits
Coût cible	Facebook	Trafic, installations d'applications, génération de prospects, conversions, ventes sur un catalogue produits
Plafond de coût	Facebook	Trafic, installations d'applications, réponses à un événement, génération de prospects, conversions hors site, et ventes catalogue avec optimisations de diffusion des pubs suivantes : vue de la page de destination, clics sur un lien, mentions « j'aime » une page, interactions avec la publication, réponses, vues de vidéos, ventes sur un catalogue produits avec clics sur un lien de conversion hors site
Limite d'enchère	Annonceur	Couverture, trafic, interactions, installations d'applications, vues de vidéo, génération de prospects, messages, conversions, ventes sur un catalogue produits

FICHE

Cas d'utilisation	Avantages	Points à considérer
• Quand vous souhaitez dépenser la totalité de votre budget • Si vous voulez comprendre quelle enchère/quel coût utiliser pour d'autres options d'enchère	• Pas d'intervention : Facebook gère les enchères • Couverture de toutes les opportunités au plus bas coût dans la dépense de votre budget	• Aucun contrôle sur vos coûts • Les coûts peuvent augmenter avec l'épuisement des opportunités les moins coûteuses ou l'augmentation de votre budget
Lorsque vous souhaitez conserver un coût cohérent	• Prévisibilité des coûts • Obtention du plus grand nombre de conversions possible au coût cible	• Perte de tous les résultats les moins chers • La totalité de votre budget peut ne pas être dépensée
• Lorsque vous souhaitez optimiser la rentabilité • Lorsque vous devez maintenir les coûts en deçà d'un seuil donné	• Optimisation du volume de conversion dans les limites de votre CPA/CPI acceptable • Réduction des coûts lorsque cela est possible sans ajustement manuel de vos enchères	• Le coût peut augmenter lorsque les opportunités les moins chères sont terminées • La phase d'apprentissage exige une exploration plus agressive • La totalité du budget pourrait ne pas être dépensée une fois le plafond atteint
Quand vous souhaitez définir une enchère maximum sur plusieurs enchères, afin de contrôler les coûts et de couvrir autant d'utilisateurs que possible sur cette enchère	• Optimisation du volume sur une enchère maximale spécifiée • Possibilité d'augmenter la compétitivité envers d'autres annonceurs en ciblant des audiences similaires	• Besoin de consacrer plus de temps à la gestion des enchères pour le contrôle des coûts • Les coûts peuvent augmenter avec l'épuisement des opportunités les moins chères ou l'augmentation de votre budget • Il est possible que la totalité du budget ne soit pas dépensée • * L'enchère n'est pas le coût visible dans les rapports

LA « PHASE D'APPRENTISSAGE »

Chaque fois qu'une publicité est montrée à un utilisateur, Facebook collecte des informations sur l'audience et les placements les mieux adaptés à votre publicité. Plus une publicité est diffusée, plus le système de diffusion est capable d'optimiser ses performances. Au cours de la phase d'apprentissage, le système de diffusion recherche le meilleur moyen de diffuser votre ensemble de publicités, ce qui diminue la stabilité des performances et augmente généralement le coût alloué par action définie. Lorsqu'une publicité est en phase d'apprentissage, la colonne «Diffusion» affiche la mention «Apprentissage». Votre pub quitte cette phase après 50 conversions environ.

Pour éviter les comportements qui empêchent les ensembles de publicités de quitter la phase d'apprentissage, attendez la fin de cette phase pour modifier votre ensemble de publicités. En remaniant une publicité, un ensemble de publicités ou une campagne au cours de la phase d'apprentissage, vous réinitialisez l'apprentissage et retardez l'optimisation de la part de notre système de diffusion. De même, évitez les volumes de publicités élevés : plus vous créez de publicités et d'ensembles de publicités, moins le système de diffusion est en mesure de récolter des informations sur chaque publicité et ensemble de publicités.

En définissant un budget trop faible ou trop élevé, vous fournissez au système de diffusion un indicateur erroné sur les personnes pour lesquelles l'optimisation doit être effectuée. Définissez un budget suffisant pour obtenir au moins 50 conversions et éviter les changements de budget fréquents (qui peuvent provoquer une reprise de la phase d'apprentissage).

Si votre ensemble de publicités n'a pas quitté la phase d'apprentissage dans un délai de sept jours, vous verrez le statut «Apprentissage limité». Cela se produit généralement quand :

- votre contrôle d'enchère ou votre contrôle des coûts est trop bas, donc envisagez d'augmenter votre contrôle d'enchère/des coûts ;
- votre budget est trop bas, donc envisagez d'augmenter votre budget ;

- votre audience est trop petite, donc envisagez d'élargir votre audience ;
- vos ensembles de publicités sont trop nombreux, donc envisagez d'en réduire le nombre (par exemple, en combinant les audiences) pour cumuler les apprentissages de diffusion ;
- les enchères sont remportées par d'autres ensembles de publicités du même compte publicitaire ou de la même page ; dans ce cas, envisagez de combiner les ensembles de publicités pour éviter le chevauchement d'audiences ;
- votre événement d'optimisation ne se produit pas assez souvent, envisagez d'optimiser vos publicités pour un événement qui se produit plus souvent. Par exemple, si vous constatez moins de 50 événements d'achat sur une semaine, essayez plutôt une optimisation pour des événements d'ajout au panier.

À SAVOIR

Le chevauchement d'audiences a lieu lorsque des ensembles de publicités d'un même annonceur se retrouvent au sein d'une même enchère (c'est-à-dire qu'ils ciblent des audiences similaires). Facebook privilégie alors celui qui présente le meilleur historique de performances. Ce procédé permet d'éviter la concurrence entre vos publicités, et par conséquent l'augmentation des coûts ainsi qu'un mauvais usage de votre budget. Cela s'appelle l'« audience de comparaisons » dans le business manager.

L'événement d'optimisation est relatif au nombre de fois où vos pubs ont atteint les résultats pour lesquels vous avez optimisé votre ensemble de publicités, en fonction de la fenêtre de conversion que vous avez choisie. Pour les événements qui impliquent qu'un certain temps s'écoule entre le moment où une personne voit votre publicité et celui où l'événement se produit, Facebook utilise une fenêtre d'attribution correspondant à la fenêtre de conversion choisie lorsque vous avez créé votre ensemble de publicités. Par exemple, si vous avez choisi une fenêtre de conversion d'un jour après clic et de sept jours après vue lorsque vous avez créé votre ensemble de publicités, l'indicateur sera calculé selon une fenêtre d'attribution d'un jour après clic et de sept jours après vue.

FAUT-IL OPTER POUR LE BUDGET QUOTIDIEN OU GLOBAL ?

Lorsque vous définissez votre budget quotidien, cela signifie que vous pouvez obtenir de meilleurs résultats certains jours plutôt que d'autres. Certains jours, il se peut que Facebook dépense jusqu'à 25 % de plus que votre budget quotidien. Par exemple, si votre budget quotidien est de 10 euros, Facebook peut dépenser jusqu'à 12,50 euros certains jours. Le but est donc d'optimiser votre budget, car Facebook peut ainsi plus facilement saisir les opportunités. Les frais sont répartis de manière équilibrée sur une semaine civile : du dimanche au samedi. Si Facebook dépense plus au cours d'une jo0budget global, les résultats sont constants tout au long de la durée de la campagne. Il s'agit donc de tester ces deux options sur votre audience.

PENSEZ AU RETARGETING !

La répétition est le meilleur moyen pour faire entrer un message dans l'esprit du consommateur. La constance est donc une des clés du succès en communication. Voilà pourquoi je vous conseille d'aller dans la partie « Audiences » du business manager et de sélectionner « Audiences personnalisées ». Vous pourrez ainsi importer des listes de clients (en. csv, y compris *via* Mailchimp), toucher toutes les personnes ayant visité votre compte Instagram, celles ayant vu vos vidéos, et celles ayant visité votre site web si votre Pixel est activé. Cela inclut donc l'audience qui n'est pas encore fan/abonnée de vos comptes Facebook/Instagram.

Importer des fichiers clients

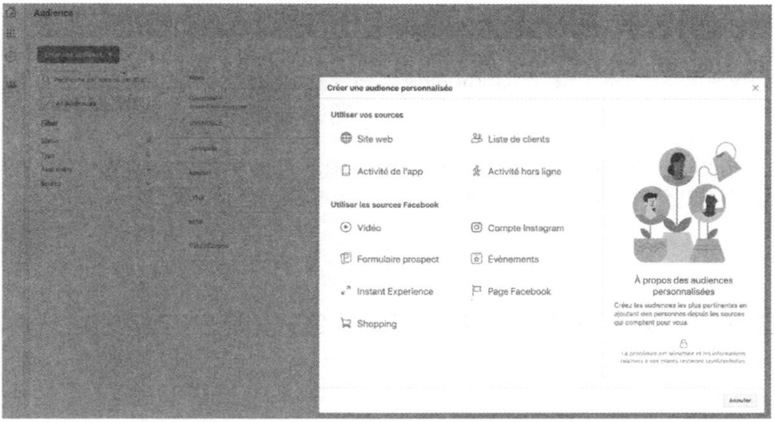

À VOUS DE JOUER

Comment augmenter le nombre d'abonnés Instagram/Facebook ?

– Assurez-vous que l'audience visée est saine ou pas trop visée par vos anciennes pubs. Si c'est le cas, il s'agit de la revoir en ajoutant les fans de pages connexes à votre business (exemple : vous êtes Nike Running, ajoutez les fans de Kilian Jornet, Marathon de Paris, Asics Running en plus du traditionnel mot clé « running »). Utilisez également les « Audiences similaires » dans « Audiences personnalisées » pour agrandir la vôtre sans perdre l'ADN de votre cible.

– Faites un post sur Facebook destiné aux utilisateurs d'Instagram expliquant ce que vous proposez d'original sur votre compte Instagram avec un bouton pour rejoindre ce compte.

– Mettez en place des jeux concours en invitant à s'abonner aux comptes pour connaître le nom des gagnants.

– Invitez les internautes à suivre l'actualité de votre secteur sur votre page/compte. Cela implique cependant parfois un changement de ligne éditoriale. Apprendre, s'informer, dévoiler des secrets est une des clés de l'abonnement à un compte social.

– Proposez de rejoindre « le club de... », cela implique un côté chaleureux propre à Facebook.

- Misez sur « Partagez vos plus belles photos avec nous » sur Instagram, même sans concours. Le fait de prendre en compte ce que publie l'utilisateur Instagram peut l'intéresser.
- Visuellement, créez l'originalité avec du diaporama, de la vidéo de 10 secondes (dont les 3 premières secondes sont déterminantes) en story, de l'Instant Experience (format sous-exploité qui reproduit un site Internet en mixant vidéo, bouton, diaporama, mais disponible uniquement pour les mobinautes).

LA PUB SUR LES MESSAGERIES SOCIALES ?

De plus en plus, les messageries des réseaux sociaux remplacent les messageries SMS et email du grand public, même en B2B sur LinkedIn. Avec les plateformes de *sponsoring*, vous pouvez envoyer un message privé sur LinkedIn, Messenger, et sûrement un jour sur WhatsApp et Instagram. Cela peut être très intrusif, mais le taux d'ouverture sera de 100 %. Je vous le conseille pour un *event* privé ou une récompense (réduction ou autre).

Les réseaux sociaux devenant les futurs Amazon, vous allez pouvoir directement sponsoriser vos boutiques dans chaque réseau en permettant de payer sans le quitter. Comment ? Avec Facebook Pay et toutes les autres monnaies internes au réseau qui vont se développer. Ce jour-là, qui arrive très vite, copié sur les réseaux asiatiques tels que WeChat et Line, sonnera peut-être la fin des boutiques sur Wordpress, Prestashop ou Shopify. À surveiller !

7 LE *SOCIAL MEDIA REPORTING*

Le *Social media reporting* est le document que doit donner le *community manager* au *content manager* chaque fin de mois pour analyser la présence sur les médias sociaux.

Il doit *a minima* présenter :

- **L'analyse des fans/abonnés**

  Ce chiffre a-t-il augmenté ou non ? Et pourquoi ? Y a-t-il eu une publicité, un événement qui a causé une perte de fans, une publication virale ? A-t-on bien en base la bonne cible ? À l'aide des graphiques offerts par Facebook, il est possible de savoir l'âge, le sexe, le lieu de résidence et la langue des fans. Cela peut donner des idées, comme créer une page internationale et s'y exprimer en plusieurs langues à l'aide de l'outil « ciblage » existant sur la partie publication d'un post (la petite icône ressemblant à une cible), ou justement interdire l'accès d'une page dédiée à la France à tous ceux qui n'y vivent pas.

- **L'analyse des posts**

  Les rubriques fonctionnent-elles ? Il faudra commenter les trois posts qui ont créé le plus d'« engagement » (sur Facebook le taux d'engagement est l'interactivité, c'est-à-dire le nombre de commentaires, partages et « j'aime », par rapport au nombre d'impressions sur le *news feed*), et analyser les trois posts qui ont le moins bien fonctionné.

Le *Social media reporting* permet aussi de relever des axes d'amélioration : la qualité graphique ou textuelle des posts, la mise en avant d'une rubrique plutôt qu'une autre.

Avec l'application Hootsuite, il est possible de faire du *tracking* sur les URL diffusées dans les posts, c'est-à-dire savoir qui a cliqué, et depuis quel média social. Il est donc intéressant de joindre ce graphique au rapport pour savoir quels médias fonctionnent le mieux pour la marque.

Si le pixel est actif sur votre site d'atterrissage, il est possible d'extraire des informations précises sur le chemin qu'ont pris les visiteurs d'un post social : quelles pages du site ont-ils visitées ? Qu'ont-ils acheté ou juste mis dans leur panier ? Cela permet ensuite de faire du « *retargeting* », c'est-à-dire d'envoyer une pub aux visiteurs des anciennes pubs.

Le *community manager* peut aussi avoir des idées de posts, il devra les joindre dans ce document afin qu'elles soient validées par son N + 1 : le *social media manager*.

Plus les médias sociaux se déploieront, plus ils offriront des outils d'analyse poussés, comme c'est déjà le cas avec Google Analytics. Nous pourrons alors analyser la data de façon plus avancée, mais pour cela, tous les médias sociaux doivent arriver à soutirer le maximum d'informations à leurs utilisateurs : le sexe, l'âge, la géolocalisation, les marques suivies, les sujets favoris (à l'aide des hashtags), mais aussi l'historique de navigation Internet (ce que fait Facebook).

Twitter permet de cibler les émissions de télévision et les faits d'actualité suivis par sa communauté grâce aux hashtags employés. C'est pourquoi la phase une du *persona social* est importante à creuser, quitte à engager des sociologues pour définir au mieux la cible.

À VOUS DE JOUER

Concevez un *reporting* mensuel selon un plan en 9 points, à livrer le 5 de chaque mois :

1. *Overview* : nombre de fans, volume et taux d'engagement, nombre de posts, couverture organique.
2. Équilibre communauté présente/engagée (ratio d'abonnés qui produisent un engagement par rapport à leur nombre total).
3. Profils des fans/abonnés – la démographie est-elle en accord avec la cible visée ?
4. Univers concurrentiel : comparaison des volumes (abonnés, taux d'engagement).
5. Audience : les trois meilleurs posts en termes de portée.
6. Engagements et Verbatims : les trois meilleurs posts en termes de taux d'engagement, analyse des commentaires positifs et négatifs.
7. Éditorial : analyse des différentes rubriques, classement de chacune d'elles par taux d'engagement.
8. *Ads* : budget publicitaire engagé/portée générée.
9. Recommandations.

COMMENT GÉRER UN *BAD BUZZ* ?

Dans l'ère du *social media*, les termes d'« expertise », d'« artisan » et de « passionné » doivent être les maîtres mots de la communication de la marque. Apple l'a bien compris à travers son fameux garage (qui ne serait qu'un leurre selon Woz, cofondateur de la société), un passionné en basket (Steve Jobs), et des produits raffinés dédiés à la créativité. La plupart du temps, lorsque le socionaute s'exprime sur une marque, c'est pour l'accuser d'un service client de mauvaise qualité. Il est plus rare qu'il prenne la parole pour applaudir. En revanche, il aime la marque lorsqu'elle se comporte bien avec lui. Les *bad buzz* sont donc très fréquents sur la toile, et il faut apprendre à les affronter.

En 2013, Findus a été victime d'une mauvaise publicité à cause de viande de cheval présente dans ses lasagnes. Deux ans plus tard, rien n'était pardonné et les blagues fusaient encore sur Twitter. Findus a embauché une agence d'e-réputation qui a desservi son image de marque : supprimer la page Facebook, bannir des tweets insultants et nocifs pour la marque équivalait à glisser la poussière sous le paillasson, sans que le ménage soit fait. Jamais un visage humain de la marque n'a été montré en public. La marque a agi comme à l'époque de la communication empirique et verticale des médias pré-Twitter, en profitant de son pouvoir de suppression et en attendant que le temps passe.

De son côté, Zara, en 2014, faisait aussi face à une crise, après avoir vendu des tee-shirts rappelant les couleurs des vêtements des camps de concentration de la Seconde Guerre mondiale. Pour se défendre et se justifier, Zara a envoyé un tweet en copier-coller et en public à tous les socionautes qui réagissaient mal. Or cela ressemblait au courrier postal et anonyme, car impersonnel, que pouvait faire la marque dans l'ère du print. De plus, aucun visage humain ne s'est exprimé et la marque ne disposait pas de blog. Son site s'ouvrait sur la boutique, avec comme message implicite «achetez ou partez».

Cette marque a pu se le permettre, car elle est connue, mais attention aux habitudes de consommation, elles peuvent vite changer si la marque ne se digitalise qu'à moitié, ou fait passer la communication au second plan. Depuis Twitter, les *bad buzz* laissent des traces indélébiles.

La meilleure gestion d'un *bad buzz* est celle de Domino's Pizza en 2009 aux États-Unis. À cette époque, Twitter est déjà le lieu d'expression public favori des consommateurs, quand deux employés se filment sur YouTube en étant sales et vulgaires dans la cuisine de leur travail, créant le scandale sur Twitter. Les médias de diffusion reprennent ce *buzz* et la marque commence à sombrer. Mais une vidéo de cinq minutes appelée «Domino's Turnover» va suffire à sauver la marque! Comment? En présentant les tweets les plus insultants, puis en montrant un directeur et des employés peinés par cette mésaventure, mais s'exprimant dans un langage du quotidien. On y apprend que Domino's est né d'une passion, avec une petite voiture qui livrait des pizzas à domicile (le concept du fait maison et artisan qui fait également la légende de Starbucks avec son premier café à Seattle). On y apprend que, dans leur équipe, il y a des chefs cuisiniers et plusieurs métiers différents qui vont créer une nouvelle pizza pour redorer le blason de la marque. Cette vidéo était en fait une publicité pour un nouveau produit, mais comme elle était tournée caméra au poing avec des gens qui ne ressemblaient pas à des acteurs, le message était bien diffusé et le socionaute se plaisait à découvrir l'envers du décor d'une marque qu'il consommait.

Si l'on ne pardonne pas une erreur à une marque, on excusera bien volontiers des êtres humains passionnés et experts, car «l'erreur est humaine».

Les 5 étapes de la gestion d'un *bad buzz*

1 : L'aventure humaine de l'entreprise (ses origines, son succès)

2 : Coulisses

3 : Des employés/êtres humains touchés par le *bad buzz*

4 : L'écoute

5 : Une solution

PROSPECTIVE

Le futur est un luxe que s'offrent uniquement les grandes marques, tandis que d'autres cherchent juste à survivre, mais cela leur permet de toujours garder un temps d'avance. C'est pourquoi Starbucks, Pepsi, Coca-Cola et Oreo ont été parmi les premières entreprises à investir professionnellement les médias sociaux en restructurant leur service *web marketing* et communication dès la fin des années 2000. À cette époque, on apparentait les réseaux sociaux à une mode éphémère, un lieu réservé aux jeunes, à la musique et aux *people*. Leur ciblage très précis (à l'image de la publicité Facebook), mixant l'historique de navigation de l'internaute grâce aux *cookies* et les divers intérêts du socionaute, font d'eux des solutions de choix. Surtout depuis que le réseau de Mark Zuckerberg évolue vers un moteur de recherche d'informations en tout genre et une plateforme de vente de produits, à l'image d'Instagram devenant le prochain Amazon.

Je pense que nous ne quitterons plus cette connexion mondiale inter-individus et marques, car ces plateformes connectées donnent une identité aux clics – un trésor pour les entreprises. Sur ce terrain de communication horizontale, le statut de marque va disparaître au profit de celui d'artisan, du moins dans la communication. Si le socionaute reste un consommateur souhaitant rêver avec un produit, il hait la publicité empirique et intrusive, et veut acheter de l'expertise ou s'offrir un supplément d'âme. Cette course à l'argent pour consommer que poursuit le socionaute dans sa vie de citoyen actif est en réalité une volonté inconsciente de faire partie d'un ensemble et de communiquer dans une société individualiste qui se parle davantage en ligne que dans la rue.

Si la marque comprend que le socionaute cherche du réconfort dans son achat, et des valeurs humaines pour montrer aux autres qui il est et à quelle communauté il appartient, elle réussira dans ce média, qu'elle évolue en B2B ou B2C. Ce média donnera naissance à de nouvelles chaînes, comme à la télévision. Aujourd'hui Facebook, Pinterest, Vine, Twitter, Instagram, Periscope mènent la danse, mais demain d'autres réseaux deviendront médias, puis moteurs de recherche avec leurs propres codes et langages qu'il faudra comprendre pour y proposer des programmes adaptés destinés à recruter et à fidéliser des prospects. Les rêves de gloire antinomiques à la volonté de maîtrise de sa confidentialité continueront de perturber l'être humain en ligne. Si un jour, un de ces médias offre un moteur de recherche avancé qui culturellement dépasse le simple stade de lieu de détente, Google risque de disparaître, et par là même tout un service : le web 1.0 et sa dualité site Internet/ moteur de recherche, car la relation B2C siégera ailleurs.

Dans leurs formes, ces médias continueront de se définir sur le support qui les fait exister. Si demain, les montres et lunettes deviennent les nouveaux objets connectés, des développeurs penseront donc forcément à des réseaux sociaux optimisés pour y siéger facilement. Internet sera partout, la digitalisation sera donc un terme désuet, car évident. Les objectifs de contrôle de la vie privée par les utilisateurs et les marques seront encore plus un combat qu'aujourd'hui, mais voués à l'échec pour le socionaute si ces espaces restent gratuits. L'inscription gratuite signifie justement en échange la revente des données privées à des annonceurs. C'est le *business model* de ces médias.

Depuis Internet, que reste-t-il à inventer pour connecter les individus entre eux ? L'Internet des réseaux sociaux aura permis de mettre gratuitement des images, du son et de la vidéo aux rapports humains, mais physiquement nous sommes toujours séparés par l'espace réel. Cette mise en relation de plus d'un milliard d'individus arrivera forcément à emporter les sept milliards d'humains, puisque Facebook et les autres géants du web veulent pénétrer les pays sous-développés avec une offre Internet gratuite pour les entrer dans la base et attirer toujours plus d'annonceurs. Cependant, la solitude derrière un écran n'aura toujours pas disparu. Bien au contraire, ce besoin de rejoindre les réseaux sociaux sera de plus en plus fort, nourri par ce sentiment d'isolement des sociétés urbaines et anonymes où l'être humain n'est qu'un parmi des milliers, retranché dans son cocon social avec sa dizaine de véritables amis. Les marques et médias qui arriveront à unir le peuple online et offline réussiront donc mieux que les autres. Dans un futur plus lointain, peut-être pourra-t-on se téléporter physiquement à l'aide de réseaux sociaux innovants, mais une chose est sûre, il sera désormais très difficile de se déconnecter de ce monde virtualisé, car ce serait se couper du principal moyen de communication de la société.

L'identité, les données personnelles, l'achat, l'information, les amis, l'entourage y sont de plus en plus incrustés, donc ceux qui voudront s'en détacher le feront uniquement par choix d'un autre monde, d'une autre vision de la relation entre êtres humains. Mais encore faudra-t-il avoir le courage de se couper du réseau social le plus grand et le plus puissant de l'histoire du monde.

Achevé d'imprimer en avril 2021 en France par Présence Graphique

Dépôt légal : mai 2021 – N° éditeur : MAGSI20200614

PEFC 10-31-2677